天然气产业管理创新成果价值评估

辜 穗 王 径 任丽梅 周 娟 王富平 著

石油工业出版社

图书在版编目（CIP）数据

天然气产业管理创新成果价值评估/辜穗等著. --
北京：石油工业出版社，2023.3
ISBN 978-7-5183-5759-8

Ⅰ.①天… Ⅱ.①辜… Ⅲ.①天然气工业—工业企业
管理—科技成果—价值—评估—中国 Ⅳ.①F426.22

中国国家版本馆CIP数据核字（2023）第014829号

天然气产业管理创新成果价值评估
辜 穗 王 径 任丽梅 周 娟 王富平 著

出版发行：石油工业出版社
（北京市朝阳区安华里二区1号楼 100011）
网　　址：www.petropub.com
编 辑 部：（010）64523570　　图书营销中心：（010）64523633
经　　销：全国新华书店
印　　刷：北京晨旭印刷厂

2023年3月第1版　　2023年3月第1次印刷
740毫米×1060毫米　开本：1/16　印张：11.25
字数：130千字

定　价：118.00元
（如发现印装质量问题，我社图书营销中心负责调换）
版权所有，翻印必究

前　言

　　创新驱动发展战略的核心内涵是以科技创新为引领，推进理念创新、制度创新、管理创新、文化创新等方面的全面创新，管理创新作为加快发展、提升效益的着力点和突破口，是全面创新的关键一环。自党的十九届四中全会将推进国家治理体系和治理能力现代化作为全党的一项重大战略任务以来，国务院办公厅印发的《要素市场化配置综合改革试点总体方案》（国办发〔2021〕51号）中明确提出要构建充分体现知识、技术、管理等创新要素价值的收益分配机制，对新时期科学决策和管理创新提出了更高要求，也在很大程度上推动了管理创新成果价值评价工作的改革与创新。但现有管理创新成果收益评价或管理创新能力评价方法较少，天然气产业管理创新成果价值评估未见报道，不利于新时期天然气产业管理创新工作的开展。因此，依据创新理论、要素分配理论、分享经济理论、技术经济评价原理等相关理论，创建符合现代天然气产业管理创新成果的价值评估方法模型，量化管理要素在创新驱动发展中的价值贡献，为管理创新人才精准激励提供分配依据，为推进天然气产业管理创新能力与治理水平提供方法和理论支撑，具有重要的现实意义。

　　本书以构建天然气产业管理创新成果价值评估方法为总体目标，主要研究内容包括六个方面：一是管理创新成果价值评估现状与启示，包括相关基础理论、国内外企业管理创新成果价值评估相关研究及进展、天然气产业管理创新成果价值评估的重要性与必要性。二是天然气产业管理创新成果价值形成与转化机制，包括天然气产业管理创新系统、天然气产业管理创新成果价值表征、天然气产业管理创新成果创效与经济价值实现。三是天然气产业管理要素谱系设计，包括技术有形化、技术谱系与管理要素谱系、天然气产业管理要素级序构建依据与原则、经营管理要素级序与收益分成基数设计、生产管理要素级序与收益分成基数设计。四是天然气产业管理创新成果价值评估模型，包括管理创新成果价值评估总体模型设计、基于收益递进分成的管理创新成果经济价值评估模型、管理创新成果收益递进分成评估参数、管理创新成果收益递进分成评估流程。五是天然气产业管理创新成果经济价值评估实证，包括某区域页岩气钻井"日费制"+"精准激励"管理模式的构建与实施管理创新成果的经济价值评估、某致密气区块勘探开发管理创新成果的经济价值评估、"天然气产业绿色低碳发展研究与实践"成果的经济价值评估、"市场化改革下的天然气市场环境与营销策略"成果的经济价值评估、"天然气战略规划风险决策量化分析关键技术与应用"成果的经济价值评估等。六是天然气产业管理创新成果价值评估保障策略，包括强化价值评估组织与制度建设、强化天然气管理创新成果研发与创造、

前 言

强化天然气产业管理要素谱系建设、强化管理创新成果价值评估优化与应用等。

全书研究得出四方面结论。

第一，天然气产业管理创新成果是管理创新系统运行的产物，具有五大价值。天然气产业管理创新系统由发展要素投入与产出体系、企业软科学研发体系和软科学成果应用体系构成，系统的良性运转产生系列天然气产业管理创新成果。基于生产要素组合创新增值的管理创新创效分析与基于企业财务恒等式的管理创新创效机制分析表明，天然气产业管理创新成果具有创效与经济价值实现机制。天然气产业管理创新成果具有五大价值：科学价值、技术价值、经济价值、社会价值和文化价值。

第二，天然气产业管理创新成果价值评估是实现天然气产业管理要素按贡献参与收益分配的前提，天然气产业管理创新成果的经济价值评估是重难点。天然气产业管理创新成果价值评估，是根据要素分配与分享经济、管理创新与价值分享等理论，将管理创新成果作为天然气产业生产全要素中的一种重要的管理要素组成，采用收益递进分成法，对其在促进天然气产业生产经营管理提升和收益获得中的贡献进行评价与量化的过程。通过天然气产业管理创新成果价值评估结果及其应用，实现天然气产业管理创新要素按价值贡献参与收益分配、服务于天然气产业管理创新创效精准激励奖励，从而促进天然气产业相关油气企业现代化治理能力与治理体系不断完善。

第三，收益递进分成是实现天然气产业管理创新成果经济价值评估的科学方法。天然气产业管理创新成果收益递进分成是以天然气产业管理创新成果应用产生的增量经济效益为对象，按照要素分配原理和管理会计视角，采用管理创新成果收益分成率从项目收益净值中分割出管理创新成果收益。

第四，天然气产业管理要素谱系是实现管理创新成果价值评估的关键工具。天然气产业管理要素谱系是以谱系学思想为主导，在认知管理创新规律的基础上，通过分析天然气产业生产和经营管理创新成果需求、发展趋势，梳理演进脉络形成的管理要素间基本能级关系的一种要素级序。它有利于明晰天然气产业管理创新领域的发展方向和实现目标所需的主体管理要素及其间关系，为实现管理创新成果按价值贡献参与收益分配提供坚实基础。

此书得以成稿，特别感谢中国石油西南油气田公司天然气经济研究所原所长、教授级高级经济师姜子昂先生，对于全书的总体思路和方法模型设计提供了关键指导和宝贵意见；感谢王良锦、张勇、彭子成、武文捷、何昊阳、肖鑫、周波、章成东、李佳、敬代骄、李忻洪、何晋越、马英恺、王蓓、秦园、黄星、邹曦等相关人员在研究过程中给予的大力支持。

本书适合天然气产业、油气企业管理部门相关人员阅读，适合大型国有企业、能源行业推进管理创新成果价值评估工作与管理提升的相关部门人员阅读。

目 录

第一章 管理创新成果价值评估现状与启示 …………………… 1

   第一节 相关基础理论 ………………………………………………… 1

      一、相关概念界定 ……………………………………………… 1

      二、管理创新理论 ……………………………………………… 6

      三、创新经济学理论 …………………………………………… 8

      四、管理哲学与管理价值论 …………………………………… 10

      五、要素分配理论与分享经济理论 …………………………… 11

   第二节 国内外企业管理创新成果价值评估相关研究及进展 … 14

      一、企业管理创新相关研究及进展 …………………………… 14

      二、企业管理创新绩效评估相关研究及进展 ………………… 20

      三、企业管理创新成果价值评估相关研究及进展 …………… 23

   第三节 天然气产业管理创新成果价值评估的重要性与

          必要性 ……………………………………………………… 29

      一、新形势下管理创新驱动发展的内生要求 ………………… 29

      二、适应加强科技创新成果价值评价的要求 ………………… 30

      三、精准激励迫切需要对管理创新成果价值进行

          规制条件下的量化评价 …………………………………… 32

　　　　四、油公司提质增效专项行动需要对管理创新
　　　　　　成本绩效进行评价 ································· 33
　　　　五、解决价值评估方法瓶颈亟须集成创新管理
　　　　　　创新成果价值评估方法 ····························· 34

第二章　天然气产业管理创新成果价值形成与转化机制 ······ 36
　第一节　天然气产业管理创新系统 ······························· 36
　　　　一、系统结构设计依据与原则 ····························· 36
　　　　二、系统结构模型 ··· 40
　　　　三、系统主要内容 ··· 42
　第二节　天然气产业管理创新成果价值表征 ····················· 48
　　　　一、管理创新成果主要类型 ······························· 48
　　　　二、管理创新成果五大价值 ······························· 49
　第三节　天然气产业管理创新成果创效与经济价值实现 ········· 50
　　　　一、天然气产业管理创新成果创效机制 ··················· 50
　　　　二、天然气产业管理创新成果创效特点 ··················· 54

第三章　天然气产业管理要素谱系设计 ···························· 56
　第一节　技术有形化、技术谱系与管理要素谱系 ················ 56
　　　　一、技术有形化 ··· 56
　　　　二、技术谱系 ·· 61
　　　　三、管理要素谱系 ··· 68
　第二节　天然气产业管理要素级序构建依据与原则 ··············· 71
　　　　一、主要依据与思路 ······································· 71
　　　　二、基本原则 ·· 75
　第三节　经营管理要素级序与收益分成基数设计 ················· 76

一、一级经营管理要素名称与收益分成基数…………76

二、二三级经营管理要素名称与收益分成基数…………77

第四节 生产管理要素级序与收益分成基数设计…………86

一、一级生产管理要素名称与收益分成基数…………86

二、二三级生产管理要素名称与收益分成基数…………87

第四章 天然气产业管理创新成果价值评估模型…………98

第一节 管理创新成果价值评估总体模型设计…………98

一、模型构建依据…………98

二、总体模型结构…………104

第二节 基于收益递进分成的管理创新成果经济价值评估模型…………106

一、基本思路与原则…………106

二、管理创新成果收益分成结构模型…………107

三、管理创新成果收益分成计算模型…………110

第三节 管理创新成果收益递进分成评估参数…………111

一、管理创新项目收益（E_g）…………111

二、管理要素收益分成基准值（B_{gs} 或 B_{gj}）…………113

三、管理要素收益递进分成基数（W_g）…………115

四、管理成果创新强度系数（H_g）…………115

第四节 管理创新成果收益递进分成评估流程…………118

第五章 天然气产业管理创新成果经济价值评估实证…………121

第一节 某区域页岩气钻井"日费制"+"精准激励"管理模式的构建与实施管理创新成果的经济价值评估…………121

一、成果简介 ··· 121
二、管理创新成果收益分成参数计算 ··························· 122
三、管理创新成果收益分成结果 ································· 123

第二节 某致密气区块勘探开发管理创新成果的经济
价值评估 ··· 124
一、成果简介 ··· 124
二、管理创新成果收益分成参数计算 ··························· 125
三、管理创新成果收益分成结果 ································· 130

第三节 "天然气产业绿色低碳发展研究与实践"成果的
经济价值评估 ·· 131
一、成果简介 ··· 131
二、管理创新成果收益分成参数计算 ··························· 132
三、管理创新成果收益分成结果 ································· 135

第四节 "市场化改革下的天然气市场环境与营销策略"
成果的经济价值评估 ···································· 135
一、成果简介 ··· 135
二、管理创新成果收益分成参数计算 ··························· 137
三、管理创新成果收益分成结果 ································· 140

第五节 "天然气战略规划风险决策量化分析关键
技术与应用"成果的经济价值评估 ···················· 141
一、成果简介 ··· 141
二、管理创新成果收益分成参数计算 ··························· 142
三、管理创新成果收益分成结果 ································· 147

目 录

第六章 天然气产业管理创新成果价值评估保障策略……… 148

第一节 强化价值评估组织与制度建设……148
一、加快组织建设，构建第三方价值评估组织体系……148
二、推动制度建设，形成价值评估制度保障体系……149
三、推进评估信息化，形成规范化的评估操作体系……149

第二节 强化天然气产业管理创新成果研发与创造……150
一、加强软科学基础研究，提升原始管理创新能力……150
二、强化要素投入，提升企业发展管理要素保障……151
三、强化管理创新实践，提升成果转化应用能力……152

第三节 强化天然气产业管理要素谱系建设……153
一、强化管理要素谱系认识，建立组织管理体系……153
二、强化天然气技术资源战略管理，优化管理要素谱系……154
三、培养专业化人才队伍，建立数字技术资源管理机制……156

第四节 强化管理创新成果价值评估优化与应用……157
一、优化价值评估模型，不断提升评估方法科学性……157
二、优化评估参数选设，促进评估结果更加科学合理……158
三、推进价值分配研究，实现评估结果更好应用……159

参考文献 …… 161

第一章

管理创新成果价值评估现状与启示

第一节 相关基础理论

一、相关概念界定

（一）管理创新、管理创新活动与成果

创新是一个内涵丰富外延宽泛的概念，适用于多学科多领域。从经济学视角看，约瑟夫·阿罗斯·熊彼特在其1912年发表的著作《经济发展理论》中，首次提出这一影响深远的创新理论。熊彼特所说的"创新"是一种从内部改变经济的循环流转过程的变革性力量，本质是"建立一种新的生产函数"，即实现生产要素和生产条件的一种新组合。根据熊彼特的观点，经济发展是从经济本身发生的非连续的变化和移动，而经济本身肯定会存在着某些破坏均衡而又恢复均衡的力量，这种力量就是"创新"活动，正是这种"创新"引起了经济发展。创新包括以下五种情况：一是生产一种新的产品，或者开发一种产品的新属性；二是采用一种新的生产方法，新方法既可以是出现在制造环节的新工艺，也可以是出现在其他商务环节的新方式；三是开辟一个新的市场，不管这个市场以前是否存在；四是控制原材料或配件的一种新的供应来源，不管这种来源以前是否存在；五是实现任何一种产业的新的组织，比如造成一种垄断地位，或者打破一种垄断地位。此后，关于创新的研究不断深入，但是基本内涵并未发生本质变化，总体上认为创新是指人类在认识和改造客观世界和主观世界的实践过程中获得新知识、新方法的过程与结果。

管理是一种独立的、无形的、非物质形态的生产力要素，是优化配置组织所拥有的资源以有效实现组织既定目标的动态过程。管理大师彼得·德鲁克提出，管理的本质是如何最大限度激发与释放人的付出意愿，使其产生内驱力、自觉完成任务目标。管理创新则是指组织形成一项创造性思想并将其转换为有用的产品、服务或作业方法的过程，是充分利用技术领先优势的必要条件。管理是组织为了适应内外部环境变化，对组织的资源进行有效配置和利用，以达成组织既定目标的动态创造性过程。从经济学的观点看，人类始终面临着稀缺资源与无限需要之间的尖锐矛盾，需要做出抉择来恰当配置和充分利用稀缺资源以满足人们的需要，组织在动态的社会经济环境中生存，必须不断调整系统活动的内容和目标，以适应环境变化的要求，这就是管理的创新职能。国内学者将管理创新定义为创造一种新的或更有效的资源整合方式，这种方式可以是新的有效整合资源以达到企业目标的全过程管理，也可以是某方面的细节管理，至少可以包括以下五个方面情况：一是提出一种新的经营思路并加以有效实施，如果经营思路可行就是一种管理创新；二是设计一个新的组织机构并使之有效运作；三是提出一个新的管理方式、方法，它能提高生产效率，协调人际关系或能更好地激励员工；四是设计一种新的管理模式；五是进行一项制度创新。因此，管理创新是指企业把新的管理要素（如新的管理方法、新的管理手段、新的管理模式等）或要素组合引入企业管理系统以更有效地实现组织目标的活动。

管理创新活动是一个渐进的过程，主要有五项业务流程：第一，企业对国内外宏观环境与行业发展环境变革进行研判，认清发展机遇与挑战；第二，对比本企业和其他企业在管理手段、方法、理念和实践方面存在的差距，分析和发现企业管理中存在的重大问题；第三，通过总结、提炼、加工、不断尝试，决策和制定解决管理创新问题的方案及措施；第四，多举措促进组织内外部认可管理创新方案，有效推进方案实施和调控；第五，管理创新过程监督和绩效评价。显然，每项管理创新业务流程都需要软科学研究成果给予支持，企业管理创新成果创效与管理创新过程是高度契合的。

企业管理创新成果是指根据企业运营管理的客观发展需要，运用科学管理理论，在管理理念、模式及相应的管理方式、方法等方面所做出的具有创新性的改进、改革和改造，并经实际应用证明，对企业管理水平有明显提升价值的管理办法、管理模式、管理措施等。通过企业管理创新成果的梳理、总结与提炼，能够及时展现企业在管理理论和实践创新方面的先进成果，形成一批具有新时代特色，可复制、可推广、高质量的管理创新成果，以其示范效应推动现代企业管理水平提升，为建立中国特色现代企业制度提供管理支持。企业管理创新成果具有四大特性：一是创新性。以理念创新深化体制机制改革、以方法创新深化中国特色形成、以工具创新推进先进工具应用。二是实践性。改革政策落地实施、先进技术引进实施、自创方案示范实施。三是效益性。创新成果经济效益突出、创新成果社会效益明显、创新成果综合效益良好。四是推广性。制度标准成形推广、典型经验示范推广、先进经验普及推广。

（二）企业管理创新成果价值评估

企业管理创新成果价值评估，是对管理创新成果应用于企业生产经营活动中获得的价值贡献的综合评价。根据《国务院办公厅关于完善科技成果评价机制的指导意见》（国办发〔2021〕26号）提出全面准确评价科技成果的科学、技术、经济、社会、文化等多元价值的相关要求，对企业管理创新成果价值评估，也应当根据管理创新成果的不同特点和评价目的，有针对性地评价管理创新成果的多元价值。科学价值重点评价在新发现、新原理、新方法方面的独创性贡献。技术价值重点评价重大技术发明，突出在解决产业关键共性技术问题、企业重大技术创新难题，特别是关键核心技术问题方面的成效。经济价值重点评价推广前景、预期效益、潜在风险等对经济和产业发展的影响。社会价值重点评价在解决人民健康、国防与公共安全、生态环境等重大瓶颈问题方面的成效。文化价值重点评价在倡导科学家精神、营造创新文化、弘扬社会主义核心价值观等方面的影响和贡献。

由于科学价值、技术价值通常用技术创新程度、技术先进程度、技术成熟程度等指标衡量，可由论文、著作、专利、标准等作为载体进行佐证和评判；社会价值、文化价值通常包含安全、环保、生态、健康等专篇规范要求，一般采用评分、评级、计量等定量评估方法和文字定性描述。只有经济价值是管理创新成果实际贡献的具体表现，需要明确财务数据的支持和评判，需要正确合理的计算方法、模型和参数。

（三）天然气产业管理创新及其成果价值评估

天然气产业管理活动是指在天然气产业发展环境条件下，运用多项管理工具、管理手段与管理举措，对天然气产运储销涉及的各项业务开展计划、组织、指挥、协调、沟通、控制、反馈等活动，以实现产业生产经营和长远发展目标的一系列过程。天然气产业管理可以分为生产管理和经营管理。经营管理是指在天然气产业领域内，为使天然气资源生产、采购、物流、营业、劳动力、财务等各种业务能按经营目的顺利地执行、有效地调整而进行的管理、运营等活动，主要包括战略职能、决策职能、开发职能、财务职能和公共关系职能五个方面的内容。生产管理是有计划、组织、指挥、监督调节的天然气资源勘探开发生产和生产保障性管理活动。

天然气产业管理创新是指在天然气产业发展与市场环境条件下，针对天然气产业生产管理与经营管理业务，通过使用管理工具与手段、发挥管理职能作用，对天然气产业发展要素体系进行优化和资源再配置,实现新发展目标的增值活动过程。因此,天然气产业管理创新成果包括天然气产业生产管理成果与天然气经营管理成果两大类。

天然气产业管理创新成果价值评估,是根据要素分配与分享经济、管理创新与价值分享等理论,将管理创新成果作为天然气产业生产全要素中的一种重要的管理要素组成,采用收益递进分成法,对其在促进天然气产业生产经营管理提升和收益获得中的贡献进行评价与量化的过程。

二、管理创新理论

熊彼特第一次明确地提出管理可以创新和创新是推动经济持续增长的源泉,为管理创新理论与实践的发展奠定了重要的理论基础。根据管理创新理论,企业要有效开展管理创新活动,要以企业所处行业特征、创新特点和规律为前提,以企业本性论、管理本性论、员工本性论等为主要理论依据。企业本性论认为现代社会是以企业为主宰的团体社会,要立足企业追求利润最大化的前提来讨论管理创新活动的开展。企业是现代社会的经济主体,是社会政治和文化生活的基本单元,在激烈的市场环境中,利润是企业生产经营管理最直接的经济动力,而企业在利润创造和积累的过程中,需要不断进行技术创新、产品创新和管理创新,依靠科学的管理、加强基础管理和专业管理等途径,保证技术应用、质量提高、产量增加、成本降低、利润增长,通过多方面创新提高生产效率和竞争力,带动产业链的升级与进步,促进社会经济的稳定与发展。管理本性论，认为管理的本质是一种关系，是管理者对于生产者同生产资料之间的关系，通过实行计划、组织、指挥、协调和控制等协调资源以达到既定目标。因此，管理主要解决两个问题，一是企业运营完全符合市场经济规律，二是解决企业员工需求问题。为此，管理着重关注两个层面，一是站在组织价值最大化角度设置企业目标、流程、架构、措施等，二是站在人性需求角度设计员工工作动力激励与赋能等机制。在企业管理中，需要用智慧代替鲁莽、用知识代替习惯、用合作代替强制。员工本性论，认为在促进企业发展的诸多要素中，人是最为积极、最为活跃的主体性要素，企业管理需要不断深入了解员工的本性和特质，尊重他们的差异性和需求，激发他们的主动性、积极性、创新热情和创造力，从而实现既定的目标。在现代市场经济条件下，员工对于较高的物质利益追求是满足其生存的基本需求，较高的需求层次是基于物质需求基础上的，员工的这种性质和特点也要求企业必须在管理时，设计相适应的合理的按效分配制度和约束激励机制，根据价值贡献给付报酬，通过奖励、惩罚等多种利益激励方式激发员工动力。

管理创新理论包括管理思想、管理理论、管理知识、管理方法、管理工具等的创新。按功能将管理创新分解为目标、计划、实行、检馈、控制、调整、领导、组织、人力九项管理职能的创新。按业务组织的系统，将创新分为战略创新、模式创新、流程创新、标准创新、观念创新、风气创新、结构创新、制度创新。以企业职能部门的管理而言，企业管理创新包括研发管理创新、生产管理创新、市场营销和销售管理创新、采购和供应链管理创新、人力资源管理创新、财务管理创新、信息管理创新等。总体上概括起来，管理创新理论主要包含三个方面：管理思想理论上的创新、管理制度上的创新和管理具体技术方法上的创新。三者的层次从低到高，相互联系、相互作用。

管理创新分为四个阶段。第一阶段：对现状的不满。在几乎所有的案例中，管理创新的动机都源于对公司现状的不满：如公司遇到危机，或是商业环境变化以及新竞争者出现而形成战略性威胁，或是某些人对操作性问题产生抱怨。第二阶段：从其他来源寻找灵感。管理创新者的灵感可能来自其他社会体系的成功经验，也可能来自那些未经证实却非常有吸引力的新观念。第三阶段：创新。管理创新人员将各种不满的要素、灵感以及解决方案组合在一起，组合方式通常并非一蹴而就，而是重复、渐进的，但多数管理创新者都能找到一个清楚的推动事件。第四阶段：争取内部和外部的认可。与其他创新一样，管理创新也有风险巨大、回报不确定的问题。很多人无法理解创新的潜在收益，或者担心创新失败会对公司产生负面影响，因而会竭力抵制创新。而且，在实施之前，我们很难准确判断创新的收益是否高于成本。因此对于管理创新人员来说，一个关键阶段就是争取他人对新创意的认可。

三、创新经济学理论

"创新"这一词语最早出现在20世纪30年代，在熊彼特将创新理论归结为出现新的产物、应用新的生产技术、出现新的交易场所、采用新的供应渠道和形成新的组织五个方面后,建立了创新经济理论体系。后续围绕"创新"的研究不断深入,对创新内涵不断进行丰富发展,逐渐形成了Coase、Chandler、Williamson等为代表和以Davis、North等为代表的两大派别:以技术创新为代表的技术创新经济学和以管理创新为代表的制度创新经济学。

以技术创新为代表的技术创新经济学,是一门建立在技术学、经济学、哲学、数学、计算机科学、心理学、政策学、社会学、行为科学等多个学科基础上,交叉形成的综合性学科。重点关注技术推广过程中涉及的经济因素,研究技术创新过程中需要配备的市场条件,分析不同类型的技术创新如何影响制定经济增长政策,主要内容包括技术创新与模仿之间的关系及变动速度、技术创新与市场结构关系、技术创新类型等。

以管理创新为代表的制度创新经济学分析认为,基于环境的动态性、环境的复杂性和环境的容量,环境不可能主动适应组织制度,必须通过组织制度创新来保证企业可持续增长。其中,"制度创新"包括企业组织形式、管理体制和市场机制等方面的创新。制度创新经济学的主要内容包括形成"第一行动集团"(能预见潜在市场经济利益并主张通过制度创新获得这类利益的人)、提出制度创新方案、方案比较与选择、形成"第二行动集团"(在制度创新过程中帮助"第一行动集团"获利的组织和个人)、"第一行动集团"和"第二行动集团"协同实现制度创新。

四、管理哲学与管理价值论

普列汉诺夫把唯物主义看作是行动的哲学,而霍金森认为:"管理是行动的哲学""再也没有比价值更重要的了,因为它是所有意义之源泉。"现代管理哲学是马克思主义的管理哲学,它主要是以马克思主义哲学的基本立场、观点和方法,以社会管理实践及其活动规律作为主要研究对象而构建起来的管理理论体系。从逻辑上看,管理哲学是基于管理过程的不断认识和管理认识的不断提升而产生的,也是超脱于管理活动和管理认识而上升到更高层次的管理理论指导的过程。因此,管理哲学总是把管理作为一个总体来进行综合研究,是对全部管理活动有普遍指导意义的、最高层次的管理理论。现代管理哲学是现代管理精神的精华和灵魂,它从哲学高度总体把握变革时代和社会的一般管理实践活动的本质和基本规律。站在哲学的高度,用哲学的思辨方式和思考方法来反思人类管理活动本质与规律,是管理哲学的核心功能,也让管理哲学成为一种对管理理念、管理认知、管理规律、管理本质等进行系统反思的活动。

从价值上看,管理哲学通过对人类管理活动本质与规律的反思而实现对管理本身的"纠偏"。因此,管理价值是管理哲学的核心范畴,研究管理哲学必须研究管理价值,这是管理价值论研究深化的必然要求。管理价值实现是一个动态的辩证发展过程,管理在多大程度上,以怎样的方式满足人们的需要,体现出作为主体的人与作为客体的管理之间的效用关系。管理价值不存在于管理主体，也不存在于管理客体，而是存在于管理活动的主客体关系之中，它是一种关系范畴。管理的价值不仅包含着管理价值，而且包含着管理其他的价值，如经济价值、文化价值、政治价值，因而它比管理价值蕴涵着更丰富的内容，二者也有重合的内容。

管理的价值还可以细化为管理的物质价值、管理的精神价值以及管理的人的价值。管理的物质价值是指管理活动为社会和人在物质生产、物质生活、物质利益等方面带来效率和效益，这是管理产生其他价值的基础。管理的精神价值是指管理活动满足社会和人在精神生产、精神生活、精神利益等方面的需要。管理的人的价值是指管理的物质价值和精神价值在人的本质和特性方面的体现。社会中的任何管理只有通过人的有目的、有组织的活动才能得到实现和展开，管理活动中人的价值是管理价值体系的综合表现。

五、要素分配理论与分享经济理论

（一）要素分配理论

综合马克思主义经济学和西方经济学关于生产要素的相关论述，生产要素主要有自然资源、资本、劳动力、技术、管理和信息。要素分配理论，是指在市场经济条件下，生产要素的使用者根据各种生产要素在生产经营过程中发挥的贡献大小，按照一定比例，对生产要素的所有者支付相应报酬的一种分配方式。马克思主义要素分配理论中,将按要素分配的原则作为分配的一般原则,是一切社会形态所共有的分配原则。

在我国,要素分配即按生产要素分配,是指社会根据各种生产要素在商品和劳务生产过程中的投入比例和贡献大小给予的报酬,即要素所有者的所有权在经济上的实现。它包括三层含义:一是参与分配的主体是要素所有者,依据是要素所有权;二是分配的客体是各种生产要素共同作用创造出来的价值;三是分配的衡量标准,涉及按生产要素的质量、数量还是贡献大小进行分配。因此,按生产要素分配的内在依据是生产要素的所有权,其直接表现和标准是生产要素的数量、质量和生产要素贡献的大小。由于劳动、资本、土地等生产要素在价值形成中都发挥着各自的作用,所以,社会主义的工资、利息和地租,不过是根据劳动、资本、土地等生产要素所做的贡献而给予这些要素所有者的报酬。按生产要素分配主要有:以劳动作为生产要素分配;劳动以外的生产要素所有者参与分配;管理和知识产权类的生产要素参与分配。

党的十五大至党的十九大报告均指出:劳动、资本、技术和管理等生产要素按贡献参与分配。党的十五大报告:按劳分配与按生产要素分配相结合,允许和鼓励资本、技术等生产要素参与分配。党的十六大报告:确立劳动、资本、技术和管理等生产要素按贡献参与分配的原则。党的十七大报告:健全劳动、资本、技术、管理等生产要素按贡献参与分配的制度。党的十八大报告:完善劳动、资本、技术、管理等要素按贡献参与分配的初次分配机制。党的十九大报告：坚持按劳分配原则，完善按要素分配的体制机制。

综合考虑要素分配理论和我国政策，考虑天然气产业发展的资金密集型、技术密集型等特征，我国天然气产业生产要素主要包括资本要素、技术要素、管理要素、劳动要素等。

（二）分享经济理论

分享经济理论是美国经济学家马丁·魏茨曼在20世纪70年代提出的利润分享式工资制度，即工人与雇主按照分享比例协议分享企业收入，是从收入分配角度去研究资本主义经济制度的新经济学科。它试图通过改变劳动报酬的性质来触及现代资本主义经济的运行方式，改善资本主义经济在微观结构方面的缺陷，以保证经济稳定、持续地高速发展。魏茨曼认为，资本主义的雇员报酬制度分为两种：工资制度和分享制度；资本主义经济也可分为工资经济和分享经济。由于在工资经济中，工人工资固定，与企业经营无关，经营不佳时，资本家为支付工资成本，必须缩小生产规模以维持高价，资本主义经济滞胀的原因就在于此。

目前，分享经济理论已经扩展至包括自然资源、资金资源、不动产资源、人力资源、知识资源乃至产品和服务的分享，形成了围绕人力和物质资源分享而建立起来的一种可持续经济系统，关键在于建立不同主体协同下的收益分享机制。分享经济理论扩展与演化路径如图1-1所示。

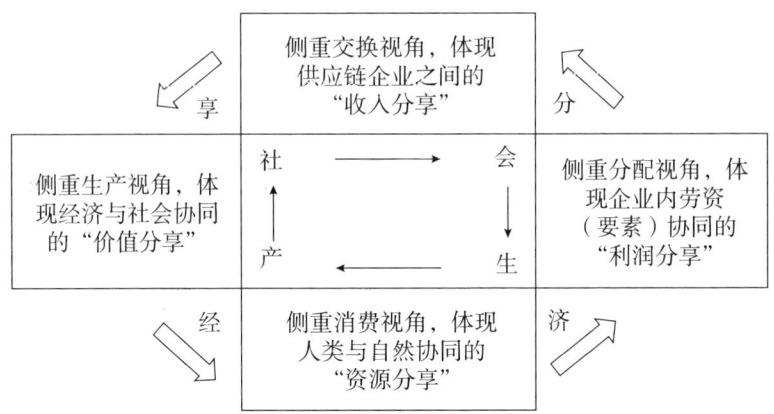

图1-1 分享经济的扩展与演化路径

注：内环表示社会生产过程，外环表示分享经济演化路径

第二节 国内外企业管理创新成果价值评估相关研究及进展

一、企业管理创新相关研究及进展

（一）管理创新的维度

随着创新相关研究的深入，创新的重要性越来越线性化，被提升到企业竞争优势来源的高度，认为创新是企业发展的重要保障、创新能力是提高企业绩效的根本驱动力，同时，管理创新的重要性也更加凸显。多项研究成果认为，不论什么类型的企业都离不开管理活动，成功的企业采取的创新手段很大一部分来源于管理创新，通过采取新的管理结构、流程、制度、方式等，打破陋习、改善组织运行效率，促进企业实现预定目

标，使得管理创新成为创新驱动发展战略的核心，也成为企业保持竞争优势的核心手段之一。

管理创新具有复杂性、不确定性和持久性的特点，涉及组织各项活动，是一项非常繁杂的工作，受企业发展内外部多重影响因素制约，使得管理创新的维度划分始终没有统一的标准。按照研究的不同视角，大致可以分为五类：一是按照管理创新的内容进行划分，分为战略创新、组织创新、方法创新、制度创新、观念创新、手段创新、技巧创新、文化创新等；二是按照管理创新的程度进行划分，分为渐变性创新、创造性创新、主动性创新等；三是按照管理创新的层面进行划分，分为高层管理创新、中层管理创新和基层（底层）管理创新；四是按照管理创新的层次进行划分，分为引进模仿、微创新、错位创新、越位创新、包容创新、巨创新、塔尖创新等；五是按照管理创新的过程进行划分，分为对现状不满，从其他来源寻找灵感，要素、灵感与解决方案组合，争取内外部认可。

知识经济时代，已经从传统的土地要素、资源要素为主变化为多要素协同创新，技术要素、人力资本要素、管理要素等的重要性更加突出，知识产生的作用也更加明显，不仅是进行组织创新的基础，更演进为社会发展不可或缺的经济资源，所有对人类有价值的创造都产生于创新，而创新就是利用知识产生效能的结果。在经济转型的时代背景下，对知识要素、人力资本要素等要素进行优化配置是当前企业管理创新的重要维度。

（二）企业管理创新系统研究

企业管理创新的系统性研究，是从 Ray Stata（1989）首次明确管理创新问题并提出管理创新的重要性之后，随着对创新研究的逐步深入，Daft、Damanpour、Benghoozi、Mazzanti、Armbruster 等开始对企业创新体系的内容进行探讨，多个学派开始从不同层面进行管理创新系统的思考，包括创新方式视角、创新内容视角、创新驱动要素视角、创新过程视角等。

立足创新方式视角开展企业管理创新系统研究，形成两种代表性观点。一是变革观点，认为企业管理创新是组织为实现某目标而实施的一种变革或者是背离惯常的组织形式，在这种组织形式下，企业管理的工作方法将得到彻底改变，新的管理流程、做法将代替原有的流程和做法，企业管理工作的性质也将得到本质改变。二是资源整合观念，认为企业管理创新就是资源整合的过程，通过整合来改变现有资源使用方式，实现资源的更优化配置和更高效利用，从而促进企业资源管理方式的飞跃，带动企业管理创新目标实现。

立足创新内容视角开展企业管理创新系统研究，也有两种主要方式。一是从管理创新涉及的活动内容出发，认为企业管理创新主要包括管理理念、管理组织、管理方法、管理文化、管理制度、市场创新、商业模式和创新绩效管理等方面。二是从管理创新产出的内容出发，认为管理创新可以分为技术性服务、技术性产品、技术性工艺和非技术性工艺的创新等，其中，非技术工艺创新即为企业管理创新。

立足创新过程视角开展企业管理创新系统研究，比较有代表性的是认为企业管理创新主要是为提升组织绩效或实现组织目标而引进新管理实践的过程，是一个从识别问题到解决方案实施的综合性过程。在问题识别阶段，需要对企业所处内外部环境进行全面分析、诊断流程、发现问题、找出矛盾；在解决问题的方案设计阶段，要针对问题进行深层次的影响因素分析和根本性原因分析，综合考核企业内外部资源，提出相应的解决方案；在方案实施阶段，要进行合理规划和有效组织明确，明确责任和权限，细分任务，建立有效的沟通协调机制，及时优化调整；在效果评估阶段，要通过绩效考核、数据分析、用户调研等方式，及时开展评估和反馈。此外，企业管理创新活动处于复杂系统中，是一个不断持续的过程，需要动态调整、不断优化和改进。

立足创新驱动因素视角开展企业管理创新系统研究，一是立足创新的三个因素开展讨论，即兴趣、企业组织力和领导创新精神；二是立足创新管理的关键驱动因素开展的研究，即领导力与组织文化、人才与团队构建、市场洞察力与用户体验、合作与伙伴关系、创新管理与风险管理等；三是立足企业管理层视角对创新因素的探讨，包括企业家、企业发展特征、战略、管理问题、政策等，其中企业家是最重要的驱动力。

（三）管理创新与科技创新协同研究

正如20世纪70—80年代形成的"双核心理论"论述的一样，虽然不同学者所持观点不同，但普遍认为管理创新和技术创新是企业创新体系中必不可少的内容。技术和管理是企业创新的两大核心，企业只有将技术创新和管理创新互相协同，其创新效果才能达到最佳，因此，创新就是一种有效变革，将企业创新分成两大类：一类是关于新技术、新材料、新产品、新工艺方面的"硬件"内容，称为"技术创新"；另一类是关于新组织、新经营管理模式、新市场、新生产方式方法、新过程和新服务的"软件"内容，称为"管理创新"。

技术创新的发展是一种使管理组织不断发生变化的温和方式，进而提高企业创新能力和竞争力，技术创新和管理创新的差异也决定了二者不平衡的存在，正因为技术创新和管理创新作用方式不同，导致了两者在采用比率上也不同。根据管理创新和技术创新两者采用比率不同，组织分成四大类：机械式、管理导向式、技术导向式和有机式。不同类型的实践表明，管理创新和技术创新在匹配时所形成的管理创新滞后越严重，企业创新绩效就越差。因此，企业创新驱动发展不仅要依靠技术创新，也要依靠管理创新（包括制度创新和文化创新）。

技术创新是一项新工艺、新产品经过研究、开发、中试到商业化应用实现价值的一系列活动的总和，在时间上表现为一个过程，在空间上则表现为一个系统。技术创新不仅仅是包含技术系统革新，更重要的是技术创新要把科技成果引入生产过程中，并应用该成果对生产要素进行新的组合，最终将该成果转化为能在市场上销售的商品或者服务。因此，技术创新是在一定的管理和制度下进行的，否则很难理解技术创新发生的理由以及技术创新层次提升等问题。技术创新将带来管理理念、方法、体制以及组织模式等多方面的变革，不断对管理创新提出新的任务和要求，需要在一定的管理制度与管理流程支持下，将资源要素达到合理高效配置。管理创新是一种创造新的资源整合方式的动态性活动，通过这一活动，形成了有效、科学的管理，它同技术一起构成了现代天然气产业中不可缺少的投入组合。管理创新则更关注在一定的技术条件下促进公司各种发展要素资源优化配置利用，提高整个创新系统的运行效率，包括组织、经营理念、管理制度、管理方式方法、人力资源、业务流程、技术创新管理和信息技术管理等。企业管理工作的重心是调动技术人员的积极性和创造性。因此，管理创新为技术创新提供推动力和内在保障，管理创新往往会极大地推动技术创新。技术创新与管理创新是相生相伴的关系，相互配合、相互促进，协同为企业创新驱动发展提供支持，技术创新能否同管理创新协同和匹配，决定了技术创新效率和绩效。另一方面，通过对技术创新活动过程开展管理创新，可以降低技术创新过程中资源配置的不确定性，提高现有技术效率与资源配置效率，有助于技术创新的成功。技术创新对管理创新也具有一定的促进性，技术创新是管理创新的一个途径，它直接或间接地给管理创新带来新的课题，推动管理创新的展开。一个行业技术创新的不断积累必将导致整个行业的管理思想、管理理念、管理方法等发生重大变革，从而为产业的管理创新创造外部条件和内在驱动力，因此技术创新必然会带动管理创新。例如，通过技术创新过程使管理技术得以创新，直接促进管理方法与手段的创新，比如网络技术、信息技术的运用。

  从协调发展战略视角，管理创新与技术创新协同发展是管理创新与技术创新在战略、组织、业务、知识管理、绩效五个方面协调发展,协同驱动企业可持续发展。作为企业创新驱动的两个重要组成方面,管理创新和技术创新是企业创新活动的两大核心,企业需要将管理创新和技术创新协调发展,才能达到最佳创新效果。但技术创新与管理创新二者在创新特征、创新功能、创新主体、创新动力、创新过程、创新成果转化方式等方面有较大差异,管理创新和技术创新的匹配问题是每个企业都应该考虑的。

从机制建设角度来看,管理创新与技术创新是企业创新发展系统的重要内容,其整体功能优化并能有效运行,主要取决于管理创新与技术创新协调发展机制适应性与建设成效。通常情况下,管理与技术创新协调发展机制结构包括三个方面:一是管理创新和技术创新业务流程协调;二是协调发展机制建设途径协调;三是协调发展机制实现目标协调。

二、企业管理创新绩效评估相关研究及进展

(一)企业管理创新绩效测度与影响因素

企业取得创新绩效的整个过程,大致可总结为三个关键活动环节,首先是创新想法或内容的获取,也就是创新的投入;再到创新想法或内容执行的过程,也就是创新的过程;最后是创新成果的获取,也就是创新的产出。因此,创新绩效来源于企业所开展的创新活动。企业创新活动可以被视为创新性想法或内容有效实现的过程,创新活动的执行能够为企业带来源源不断的绩效收益,极大提升了市场竞争优势,是实现企业快速及可持续发展的有效路径,也可以把企业创新绩效理解为衡量

第一章 管理创新成果价值评估现状与启示

企业在整个创新活动过程中展现出的效率及最终效果的一种评价标准。

管理创新绩效的提升受到多重因素的影响,很大程度上受制于其是否能够构建并提升快速应对环境变化中机会和威胁的能力,以及是否能够根据环境变化优化配置组织资源,其影响因素涵盖心理学、管理学、社会学等多个学科领域。在已有文献中影响创新绩效的因素可分为个体层面和组织层面,在个人层面,领导、员工的心理和行为等一直都是企业创新绩效的研究热点;在组织层面,学者们多从企业战略、组织氛围及内外部环境因素等探究其对创新绩效的影响。值得注意的是,高层管理者在提升创新绩效的过程中发挥着动态管理能力的重要作用。

(二)基于管理创新对组织绩效测量视角

管理创新绩效评价其实是一项具有科学根据,又必须以理论为基础来结合实际操作实施的评价工程。这个评价是具有一定难度的,其主要原因在于:一是管理创新的过程是处于相对动态过程中,创新的时间、地点和创新主体存在变更的可能;二是管理创新的项目是相对动态的,项目有可能在创新的过程中进行战略性和方向性的调整,因此会对管理创新的评价造成一定影响。组织理性地采纳和实施管理创新的逻辑起点,就是选择某个参照系进行比较后对自身的既有绩效感到不满,因此要引入新的管理实践来缩小自己与参照系之间的绩效差距。

管理创新绩效测量有两种方法:一是对获得长期竞争优势的过程进行动态测量,而不是关注某一时点的绝对绩效;二是测量某个较短时间内的管理创新绩效。从弥补绩效缺口或者获得先发优势的角度看，产品创新、流程创新等对组织绩效的影响更加直接、见效更快，而管理创新对组织绩效的影响没有那么直接，需要更长的时间才能见效。此外，尽管管理创新有可能在未来提高组织绩效，但刚实施时可能会导致组织绩效下滑，也就是说，管理创新实施与奏效之间存在一定的时滞。因此，现有相关研究一般通过测量较长时间内的绩效变化来反映管理创新对组织绩效的影响。

（三）企业管理创新绩效评价方法

管理创新评价其实是一项具有科学根据，又必须以理论为基础来结合实际操作实施的评价工程。这个评价是具有一定难度的，其主要原因在于：一是管理创新的过程是处于相对动态过程中，创新的时间、地点和创新主体存在变更的可能；二是管理创新的项目是相对动态的，项目有可能在创新的过程中进行战略性和方向性的调整，因此会对管理创新的评价造成一定影响。于强等研究认为，管理创新的目的是在降低支出的基础上通过创新手段产出更好的效益，在这个前提下进行管理创新绩效评价研究，将指标具体分解为创新意识、团队能力、资金管理和项目效益四个维度来进行评价，必须不断加强管理体系、经营理念、经营战略、组织结构、人才培养、信息科技、车辆装备和企业文化系统性的创新。彭伟等以科技企业管理创新为例，提出管理创新绩效评价主要分为对客服产品、销售部门、客户服务、运营情况等的评价。赵喜洋等则提出，管理创新主要是针对产品涵盖、市场分析、结构合作、人力资源、财务、研发和客服等各项工作,所以要结合不同岗位制定不同绩效考核评价机制内容,提升考核规范性和合理性。

总体而言,现有研究基本认为企业管理创新绩效考核应视具体情况分析,需要构建系统、全面的考核价值,但是在具体实施过程中,主要都是基于管理活动的流程进行评价,并没有一套系统的评价方法,能够对管理创新创造的效益进行评估。国内外文献检索表明,管理创新能力和成果收益评价的相关论述较少,管理创新成果价值评估论述不多,企业管理创新成果收益评估或评价未见报道。究其根本,是对管理创新创造效益复杂过程的内在逻辑、机理、实现机制等认识还不清晰。实际上,管理创新活动形成的软科学研究成果和管理现代化创新成果对企业可持续发展起到了重要作用,而管理创新成果研究与开发,成果价值评估方法开发都落后于技术创新,加之企业管理创新创效过程复杂,收益分成评估方法模型开发和评估制度建设不健全等因素,导致管理创新成果价值评估工作开展难度增大,也在一定程度上影响了科技激励落实和优秀创新人才"名利双收"。

三、企业管理创新成果价值评估相关研究及进展

(一)国家级企业管理创新成果评价

在改革开放方针指引下,我国企业管理现代化经过"六五"期间的试点,"七五"期间贯彻国务院《关于加强工业企业管理若干问题的决定》,实施原国家经委颁发的《企业管理现代化纲要》,已经取得较大的进展,涌现出一批优秀成果。

为了及时加以总结提高，交流推广，根据国务院国发〔1986〕59号文件颁发的《合理化建议和技术改进奖励条例》及其实施细则，国务院原企业管理指导委员会、国务院生产委员会设立全国企业管理现代化创新成果奖，于1990年首次开展全国企业管理现代化创新成果申报、推荐、审定和发布、推广工作，举办了首届国家级企业管理现代化创新成果的评比和奖励大会；1992年，原经济贸易办公室批复，设立了全国企业管理现代化创新成果审定委员会，由该委员会主办全国企业管理现代化创新成果审定工作，成果属国家级成果。2003年，国务院国有资产监督管理委员会发出了《关于进一步组织做好全国企业管理现代化创新成果有关工作的通知》，为在新时期推进国家级企业管理现代化创新成果审定和推广工作提出了新的要求。2006年，国家发展和改革委员会发出了《关于组织中小企业参加全国企业管理现代化创新成果推荐申报工作的通知》，要求各省级中小企业管理部门做好国家级企业管理现代化创新成果的推荐申报工作。成果的创造单位和个人可比照《国家科学技术奖励条例》和《国家科学技术奖励条例实施细则》的有关规定获得相应奖励。落实有关中小企业扶持政策和具体项目时，对获得国家级企业管理现代化创新成果的单位予以优先安排，以促进企业不断提升管理创新能力。

经过多年探索实践与年度评定，经审定发布的各项成果，基本上反映了不同时期我国企业管理的先进经验，对于推动我国各类企业加强管理起到了重要示范作用。到2021年，全国企业管理现代化创新成果评定共举办了28届，共有4020项管理成果获得奖项，其中，一等奖 678 项、二等奖 3287 项、三等奖 55 项。各个奖项分布见表 1-1。

表 1-1　国内 28 届国家级企业管理现代化创新成果数量汇总表

单位：项

奖项	第1届	第2届	第3届	第4届	第5届	第6届	第7届
一等奖	4	2	6	7	7	9	15
二等奖	24	22	33	36	41	32	36
三等奖	—	—	—	—	—	4	10
奖项	第8届	第9届	第10届	第11届	第12届	第13届	第14届
一等奖	19	25	24	32	30	34	34
二等奖	50	53	82	84	88	120	115
三等奖	4	5	11	8	8	5	—
奖项	第15届	第16届	第17届	第18届	第19届	第20届	第21届
一等奖	28	31	32	32	30	27	29
二等奖	127	147	152	153	167	169	157
三等奖							
奖项	第22届	第23届	第24届	第25届	第26届	第27届	第28届
一等奖	31	30	33	31	30	32	34
二等奖	170	213	172	188	221	232	203
三等奖	—	—	—	—	—	—	—

数据来源：全国企业管理现代化创新成果评审委员会办公室、中国企业管理协会企业管理现代化研究会。

从表 1-1 中的数据来看，各个奖项总体上呈逐年增长趋势，从奖励的等级来看，每届评奖最多的是二等奖。从第 6 届至第 13 届，设立了三等奖，只在第七届设立了特等奖项，在数据处理时，将其并入一等奖行列。纵观每年评定主题与内容，从最初的"展示企业经营管理者和职工在深化改革扩大开放的实践中的成效"，逐渐到"具有一定的科学价值、实践效果显著，基本上反映了我国当前企业管理的先进水平"，或者"触及结构调整、资产经营与管理等一些深层次的问题，管理的系统性、战略性增强、管理的科技含量有所提高、与市场机制的联系日趋密切"，以及"反映了我国企业深化改革、创新管理所取得的最新成就，在管理理念、管理方法和手段、管理人员素质等方面的明显进步"，成果与经济社会发展宏观形势和企业管理创新动态结合愈加紧密。到 2012 年举办的第 19 届全国企业管理现代化创新成果中，主要内容包括践行"走出去"战略、强化人才队伍建设、开展协同管理、提升技术创新能力、实施对标管理、开拓新业务、打造自主品牌、加强集团管控、加快转型升级等，能明显看到创新驱动发展战略的落实落地。到 2021 年第 28 届全国企业管理现代化创新成果，充分反映了各类企业以习近平新时代中国特色社会主义思想为指导，弘扬伟大建党精神，立足新发展阶段，贯彻新发展理念，构建新发展格局，着力实施创新驱动发展战略，扎实推动企业高质量发展方面的最新实践，集中体现了当前我国企业在国家重大科技项目实施与复杂系统工程管理、企业研发能力提升与产业关键共性技术攻关、数字化转型与智能化服务、领军人才队伍建设与激励、促进双循环的物流与供应链建设、海外市场拓展与国际化经营、精益管理与全面风险控制、综合能源服务转型与绿色发展等方面的最新实践，为政府有关部门制定相关政策提供了参考，为其他企业提供了可学习借鉴的成功经验，为大专院校和科研机构进行企业管理科学研究与教学提供了鲜活案例。

（二）全国石油石化企业管理现代化创新成果评价

全国石油石化企业管理现代化创新成果年度评价、审定与发布工作，旨在引导油气企业切实加强管理创新，深入推进油气企业管理体系和管理能力现代化建设。组织实施该项工作的中国石油企业协会，于1984年由原石油工业部批准成立，后经民政部注册登记成为全国性石油石化企业社团组织，现已形成一个涵盖中国三大石油石化公司和部分地方石油企业的比较全面的协会组织体系。

全国石油石化企业管理现代化创新成果审定工作分为三个阶段。第一阶段为初选阶段，采用线上方式，由部分专家进行筛选；第二阶段为线上打分阶段，审定组所有专家对第一阶段筛选出的成果进行打分排序，为集中终审提供依据；第三阶段为终审阶段，采用专家组会议方式审定。最终的专家审定会上，重点把握创新性、实践性、效益性三个原则，将创新性放在第一位，将实践性作为基本条件，注重成果的推广应用价值，又将效益性作为把握的重要条件，在尊重前期打分排序的基础上，通过逐项审阅材料、反复论证、重点评议、分类评价、举手表决等方式，最终投票评选出年度管理现代化创新成果。

全国石油石化企业管理现代化创新成果分为总体性管理创

新成果、专业性管理现代化创新成果和单项性管理现代化创新成果三类。第一类是总体性管理创新成果，指成果的功能作用于企业管理总系统，它涉及各子系统、各管理层次、各生产经营要素，带有全局性。如 2021 年审定的总体性管理创新成果，紧跟当前行业改革、能源转型、环保安全加强等新形势及治理体系和治理能力现代化建设新形势、新任务，全面探索企业改革和管理的新理念、新机制、新方法，全力实施创新驱动发展战略，突出了产业竞争、机制改革、提质增效等类别的主题研究。典型成果是中国石油天然气集团有限公司（简称"中国石油"）生产经营管理部申报的"中国石油原油产业链提质增效管理创新与实践"、中国石油安全环保技术研究院申报的"中国石油低碳发展'三链'融合管理创新与实践"和中油国际中东公司申报的"提升全产业链竞争力的一体化合作管理体系构建与实践"等成果。第二类是专业性管理现代化创新成果，指成果的功能只作用于某一专业管理领域（或某个专业分系统）。如 2021 年审定的专业性管理现代化创新成果，领域涉及内控风险管理、信息化管理、数字化管理、成本管理、人力资源管理、资产管理、科技管理、法务管理、财务管理、预算管理和党建等类别。其中信息化管理、人力资源管理、科技管理和成本管理是年度最受关注的四个领域。第三类是单项性管理现代化创新成果，指成果的功能用于某一管理要素，或某一特定的管理范围（如某个环节、某个控制点），它与专业管理不同，只包含单一因素，一般不构成从上到下的系统，不形成一个系统管理。如 2021 年审定的单项性管理现代化创新成果涵盖生产运行管理、评价考核、QHSE及其他方面，其中，生产运行管理占比65%。

总体上，全国石油石化管理现代化创新呈四大趋势：以管理创新促进碳达峰碳中和，实现"双控"目标的达成；以管理创新促进治理结构优化，实现企业治理体系和治理能力现代化；以管理创新促进数字化、智能化发展，实现智慧能源业态；以管理创新促进国际化，实现国内国际双循环发展格局。

第三节 天然气产业管理创新成果价值评估的重要性与必要性

一、新形势下管理创新驱动发展的内生要求

创新驱动高质量发展的新形势下，我国企业正处于生产力大发展、生产关系大变革的环境之中。要提高企业经济效益，经济增长方式必须从粗放经营转到集约经营上来，即由"总量增长型"向"质量效率型"转变。企业必须通过管理上的创新，更加有效地整合本企业的资源以完成本企业的目标和任务，真正发挥管理创新驱动发展的动力作用，才能促进这一转变更好实现。党的十九届四中全会将推进国家治理体系和治理能力现代化作为全党的一项重大战略任务，提出完善科技创新体制机制，需要在科技管理体制机制、考核机制、激励机制、产学研机制、科技创新动力机制、科研成果转化机制、创新人才培养机制七方面继续破解难题，也对新时期科学决策和管理创新提

出了更高要求。

油气行业一直高度重视全面深化改革和管理创新工作,在全面深化改革、人事劳动分配制度改革、"油公司"模式改革等方面不断优化完善,积极稳健推进管理体制、结构调整、市场化机制、人事劳动分配、科技创新等改革和管理创新制度框架体系。以中国石油为例,对"创新改革管理"提出了更加明确的新要求,明确提出"十四五"时期中国石油发展要大力实施创新、资源、市场、国际化、绿色低碳五大战略,以推动高质量发展为主题,以改革创新为根本动力,统筹推进"发展、调整、改革、管理、创新、党建"总体工作布局,努力实现更高质量、更有效率、更加公平、更可持续、更为安全的发展。特别强调:高质量发展是建设世界一流企业的本质要求,改革创新是驱动企业发展的不竭动力;要着力发展主营业务,着力实施调整优化,着力深化内部改革,着力推进管理提升,着力强化创新驱动。

面向"十四五",油气行业已经将创新、改革、管理提上了新高度,也是对创新驱动发展战略下科技创新和管理创新双轮驱动重要论断的积极实践和深入推进。对天然气产业而言,更应深入探索和厘清管理创新如何创效与价值如何实现等基本问题,才能真正将现代管理创新相关要求落到实处,充分发挥管理创新驱动产业发展的积极作用。

二、适应加强科技创新成果价值评价的要求

党和国家高度重视科技成果价值评估。习近平总书记在

第一章　管理创新成果价值评估现状与启示

2016年全国科技创新大会上对科技成果评价提出重要指示，要改革科技评价，建立以科技创新质量、贡献、绩效为导向的分类评价体系，正确评价科技创新成果的科学价值、技术价值、经济价值、社会价值、文化价值；习近平总书记在2019年两院院士大会上指出，我国科技成果转化能力不强，要加快创新成果转化应用。国家相关部委颁发系列文件：《中共中央关于全面深化改革若干重大问题的决定》（2013）、《中共中央、国务院关于深化体制机制改革加快实施创新驱动发展战略的若干意见》（2015）、《国务院关于大力推进大众创业万众创新若干政策措施的意见》（国发〔2015〕32号）、《中华人民共和国科学技术进步法》（1993）、《中华人民共和国促进科技成果转化法》（2015）、《科技成果经济价值评估指南》（GB/T 39057—2020）等，要求大力推动科学技术成果的推广和应用、科学技术成果的转移和交易；鼓励创办从事技术经济评估的中介服务机构；建立主要由市场决定评价成果的机制；从评价数量转向研究质量、原创价值和实际贡献。

天然气产业创新发展迫切需要进行科技成果的价值评估，既是天然气产业科技体制机制改革的迫切需要，又是持续推进天然气产业技术有形化与价值化工作的需要。当前，天然气产业科技创新成果价值评价还面临着两项基础工作：一是当前科技创新成果自身价值评价，单项成果有什么价值，不应该是通过成果鉴定就可以了；二是科技创新成果在行业或者在国家层面推广的价值、应用的价值，需要建立一套系统的、基础的评价体系。这不仅对科技创新是必要工作，对管理创新而言同样重要。作为创新驱动的"双轮",管理创新是科技创新协同实现目标的重要支持力量,管理创新成果(软科学研究成果和管理现代化创新成果)更是创新成果的重要组成部分,而管理要素本身也是生产要素中的一种具体要素,应按照要素贡献参与企业收益分配。因此,积极开展管理创新成果价值评估,科学量化管理创新成果的贡献,才能真正为天然气产业创新成果转化应用效益评估等工作提供管理支持和决策参考。

三、精准激励迫切需要对管理创新成果价值进行规制条件下的量化评价

自国家实施创新驱动发展战略以来,围绕成果转化、绩效评价、收益分配等激励关键环节,先后出台了系列政策,主要体现在六个方面:一是总体上,不断强化以科技成果为对象和载体,进行科技激励相关体制机制制度创新;二是下放科技成果转化处置权,科研单位对其持有的科技成果,可以自主决定转让、许可或者作价投资;三是科技成果收益留归科研单位,在对成果完成、成果转化作出重要贡献的人员给予奖励和报酬后,收益主要用于科技研发与成果转化等相关工作;四是大幅提高对科研人员奖励比例,对科研人员奖励和报酬的最低标准,由现行法律不低于转化收益的 20% 提高至 50%;五是分类改革,实施股权和分红激励,推动形成体现增加知识价值的收入分配机制,加快科技成果转化,激发科研院所活力;六是进一步强化企业在成果转化过程中的主体地位。党和国家关于完善科技创新体制机制落实科技激励的相关政策,在推进科技

体制机制改革纵深发展的同时，不断加大对智力劳动价值贡献的激励以调动科研人员积极性，为国内科研院所、企业、高校等加快科技创新步伐提供了良好的政策制度保障。

天然气产业是典型的资源密集型、技术密集型产业，依靠创新驱动是产业高质量发展的前提，十分重视创新成果转化和对创新人员的激励。精准激励作为创新激励中的一种重要激励方式，应有别于省部级等高级别奖励、评先选优、其他单项奖等奖励，应该有一套专门的操作体系或评价办法，能够对具体科研人员智力劳动创造的创新成果在增量收益中的价值贡献度进行量化，确定与之相匹配的奖励力度，从而实现精准激励。根据需求理论与激励理论，在合适的时间点进行合适的激励，不仅能最大限度发挥奖励的价值，也能增加被激励科技人员的满意度，进而提升其创新创造的主动性与积极性。科学的评估是进行有效激励的前提，精准激励要落到实处、落实到人员，才能真正发挥激励的正向作用，而这一过程无法回避的是对管理创新成果价值的量化评价。只有对管理创新成果价值进行规制条件下的量化评价，深化多元化、差异化管理创新成果分级分类评估，才能真正实现管理提升。

四、油公司提质增效专项行动需要对管理创新成本绩效进行评价

国家和国有企业大力部署提质增效专项行动，作为国家对国有企业持续提出的一项重要战略性任务要求，也是"十四五"期间中央企业要做好的头号任务。油气行业始终把

加强企业管理和成本管控摆在发展的突出位置和关键位置，持续部署提质增效专项行动计划，相关的油气企业深入开展"战严冬、转观念、勇担当、上台阶"主题教育，扎实推进提质增效专项行动。提质增效是指提高可持续发展质量，追求有质量有水平的规模效益。提质增效、降本增效的核心是提质，降本是手段，增效是目的，赋能是关键。提质增效核心行动是围绕财务恒等式收支要素进行常态管控，即：经营上精打细算，全力打好市场攻坚战；生产上精耕细作，提高投入产出率；管理上精雕细刻，提升以财务为中心的管理效能；技术上精益求精，发挥科技的支撑和引领作用。实践表明，天然气产业管理创新与技术创新协同发展，互为支持，以最小的总成本获得更多有效益的经济可采储量和产量，降低不增值的支出，争取合理合规减少总税费，是实现提质增效目标的关键，也对管理创新成本绩效提出了要求。深入推进提质增效专项行动，需要对管理创新成本绩效进行评价。

五、解决价值评估方法瓶颈亟须集成创新管理创新成果价值评估方法

现代企业管理理论认为，劳动、资本、管理、技术是企业生产运营"四要素"，管理要素作为四要素之一，应当按照国家大力提倡的要素分配思想进行收益分成。自科技部《科技成果评价试点暂行办法》将软科学成果列入科技成果评价以后，虽然增加了对管理创新成果的重视，但因其成果类型繁多且差异很大、不同行业企业类型成果经济效益计算方法不统一、参

数取值不规范、成果应用范围与收益不匹配等问题凸显，制约了管理创新成果应用与转化工作。

国家级企业管理现代化创新成果评价所指的经济效益是指该项成果的经济产出总值扣减实施该项成果所投入的费用而得出的效益，主要计算方法包括：单项因素直接测定法、相关因素合成计算法、复合因素分离计算法。其关键是从总效益中分离并相应扣减与本成果无关因素所创造的效益，其核心问题是如何科学合理确定管理创新成果的分成率或分享率，但计算方法中未明确如何扣减其他因素的措施。

文献检索表明，管理创新绩效评价和创新能力评价论述较少，软科学成果效益评价论述不多见刊，企业管理创新收益评估或评价未见报道。实际上，管理创新活动形成的软科学成果和管理现代化创新成果对企业可持续发展起着重要作用，而管理创新研究与开发、成果收益评估方法开发都落后于技术创新，加之企业管理创新创效过程复杂，收益分享评估方法模型开发和评估制度建设不健全等因素，导致管理创新收益分享工作开展难度增大，影响科技激励实现优秀创新人才"名利双收"。

因此，遵循科技部《科技成果评价试点暂行办法》和国家级企业管理现代化创新成果评价相关规定，借鉴科技创新成果价值分享理念，管理创新成果价值评估方法急需集成创新，解决价值评估方法瓶颈问题。

第二章

天然气产业管理创新成果价值形成与转化机制

第一节 天然气产业管理创新系统

一、系统结构设计依据与原则

（一）主要依据

1.管理创新是国家推进全面创新的重要部分

当前，新一轮科技革命和产业变革正在重塑企业管理的新面貌。党的十九届四中全会将推进国家治理体系和治理能力现代化作为全党的一项重大战略任务，对新时期科学决策提出了更高要求。软科学作为变革创新的根基工程之一，是推动科学决策的智力载体和必要工具，在习近平总书记治国理政"四大支柱"中发挥着不可或缺的重要作用。在此背景下，深化国有企业现代化治理体系建设，也必须牢牢以软科学研究成果为支撑，以科学决策驱动企业管理创新与管理变革来实现。《中共中央、国务院关于深化体制机制改革加快实施创新驱动发展战略的若干意见》把管理创新作为全面创新的一项重要内容，明确提出"探索政府支持企业管理创新的新机制"。工业和信息化部产业政策司与中国企业联合会共同发布的《中国企业管理创新年度报告2018》指出，很多企业为实现平台共享、资源共享、市场共享、技术共享、知识共享等，采取企业上下游协同、产业链协同、生态圈协同等多种方式，优势互补、深度合作、协调一致，共同促进企业发展。企业要实现高质量发展，不仅要提高产品和服务的质量，更重要的是从理念、目标、制度、业务、产品等各方面深化改革创新，其中，管理创新是重要途径。

2. 管理创新系统由多要素共同构成

企业治理和经营管理机制的重大变革成为企业发展面临的时代命题，迫切需要结合企业实际问题，创新管理理念方式方法，以适应现代化发展管理需求。现代创新是系统集成的过程，创新系统结构包含众多创新要素，这些要素须协调互动才能确保创新目标的实现，在此过程中管理创新要素的作用至关重要。天然气产业管理创新系统，是产业内相关的企业内部各管理层级与职能部门为了适应内外部环境变化所提出的新挑战和新要求，是对自身的职能定位、管理方式、组织结构、运行机制、业务流程、工作方法、技术手段等诸多方面所做出的创造性调整和变革所形成的综合体。因此，天然气产业管理创新是一个由若干子要素组成的有机整体，其基本子要素包括创新主体要素、管理职能要素、创新活动要素等。其中，天然气产业内相关油气企业是管理创新的主体，其子要素包括组织目标、机构设置、人员构成、权责体系、法规制度、物质要素等方面；管理职能要素主要涉及相关油气企业在管理创新中到底创新什么、怎么创新、发挥什么作用；创新活动要素主要包含生产管理创新活动与经营管理创新活动等。

3. 天然气产业管理创新与技术创新协同发展

就天然气产业而言，技术创新和管理创新（包括制度创新和文化创新）围绕天然气产业生产业务价值链开展相关创新活动，协同构成天然气产业创新体系。技术创新对时间的要求较长，而管理创新相对容易，见效也快。现代产业只有以技术创新为基本手段、管理创新为保障，两种创新有机融合、同步发展，才能取得成功。首先，技术创新同管理创新的协调和匹配程度，决定了技术创新效率和绩效。技术创新可通过提供差异化技术产品来满足天然气产业发展的需求，从而获取市场效益以提高绩效。天然气产业技术创新也推动管理创新，主要表现在形成新的管理要素（如生产、生活、思维和行为方式），为管理创新提供先进的方法、手段、技术基础与技术支撑。在开展技术创新活动时，需要注重管理创新，即管理思想、管理方式、管理知识以及管理体制等方面的创新，充分发挥全面市场化总体的作用，推进与"五全"管理体系的融合，即与全面预算管理相融合、与全员绩效考核相融合、与全面风险管理相融合、与全面质量管理相融合、与全面对标管理相融合，提高现代化管理水平，推动企业有质量、有效益、可持续发展。其次，管理创新可通过提高执行效率、降低运营成本来促进企业绩效。管理创新也一定要与技术创新相匹配，只有这样企业才能在激烈的竞争中取得优势。技术创新和管理创新两者之间相互推动并相互影响，技术创新的选择要充分考虑企业管理资源，以使管理资源满足技术创新需求。同时技术创新也对管理创新提出了新的任务和要求，体现在将资源要素达到合理高效配置、考虑企业发展战略、降低成本和产品差异化、考虑技术创新成败风险、提高企业核心竞争力等因素。值得重视的是，管理创新是一个错综复杂的动态循环管理过程。最后，技术创新与管理创新协调发展促进天然气储量和产量市场价值提升。技术创新是天然气产业降本增效的关键，对天然气新技术、新工艺的研发费用给予税费优惠政策，鼓励企业自主创新，攻关致密气勘探开发关键技术。针对天然气产业效益开发，需将技术创新与管理创新相结合，在实现天然气规模效益开发，提高经济可采储量的同时，提高单井产量，降低开发成本，使创新性与经济性很好地融合，两方面缺一不可。

（二）主要原则

1. 创新性

在实践中率先发现和总结出某些管理领域的客观规律，并得到国内外公认；借鉴国外先进管理理论、方法、手段和经验，在实践中进行创造性应用；借鉴国内其他企业管理创新经验，在实践中进一步加以改进和发展；天然气产业针对我国经济改革和发展面临的突出问题所进行的有益探索。

2. 科学性

管理创新成果内容符合管理学基本原理，具有一定的理论价值，反映企业管理的一般规律。基本原理：结构原理、整分合原理、能级原理、反馈原理、封闭原理、系统原理、人本管理原理、效益原理、动态原理、权变管理原理等。

3. 实践性

反映天然气产业在管理活动中已进行的成功实践，且必须经过一年以上的实际应用，符合国家法律、法规和政策要求；必须具有导向性、可操作性和推广应用价值，能够发挥示范作用；必须体现天然气产业管理创新趋势及党和国家推进企业改革、加强管理的基本要求。

4. 效益性

管理创新成果效益必须经过科学评估、测定与计算；证明确实提高了管理水平，效益可分别体现为经济效益、社会效益、生态效益；关键是促进了产业内相关企业健康成长，提高了科学管理水平和市场竞争能力。

5. 推广性

推广性是指成果符合国家政策法规，在为天然气产业生产运行提供支撑的同时，也能够体现天然气产业管理提升价值，具有较强的成熟度和推广潜力，在行业范围乃至相关行业内具有导向性、可操作性和推广价值，其理念和做法能够给同行以启示、学习借鉴或示范带头作用。

二、系统结构模型

管理创新作为国家推进全面创新的重要内容，在天然气产业创新体系中处于中心的位置，发挥着关键的作用。对天

第二章 天然气产业管理创新成果价值形成与转化机制

然气产业而言，上游主要是天然气勘探开发为主，通过天然气勘探作业流程（地质勘探、物探、钻完井、勘探保障），形成天然气规模经济可采储量。通过天然气开发作业流程（气藏工程、采气工程、地面工程、开发保障），形成工业化天然气产能。而围绕天然气勘探开发系列作业流程开展的管理创新活动，共同形成天然气产业管理创新系统。天然气产业管理创新系统结构主要包括三个方面：围绕天然气产业生产经营业务流程而形成的产业发展要素投入与产出系统；以天然气产业发展要素投入与产出体系为中心，开展产业管理创新实践活动，形成软科学研究成果应用系统；以有效支撑管理创新实践与成果应用系统为目标，形成产业软科学研究系统。

实践证明，天然气产业发展要素投入与产出体系、产业软科学研究成果应用系统、产业软科学研发系统三者相辅相成、缺一不可。天然气产业发展要素协同作用于天然气产业生产作业流程，才能实现天然气资源经济可采储量和产能，生产要素创新创效贡献才得以体现，相应地，管理创新成果收益才得以实现。产业软科学研究系统主要形成软科学研究成果，为开展管理创新活动实践提供重要依据和决策参考。而产业软科学研究成果应用系统通过应用软科学研究成果，产生管理现代化创新成果，助推产业实现管理提升和管理创效。因此，深入推进天然气产业管理创新成果收益评估工作，必须处理好各系统之间的协同关系。

三、系统主要内容

（一）天然气产业发展要素投入与产出系统

1. 天然气产业生产业务价值链

从产业组织的角度而言，天然气产业是指勘探、开发、储运、净化和销售的企业集合，在国民经济和社会发展中具有重要作用。天然气产业的业务范围主要包括天然气勘探开发、工程技术、工程建设、装备制造、天然气化工、生产保障、矿区服务和多种经营，具有较为完整的上游（或上下游）业务体系和综合一体化发展优势。天然气产业的主要作业对象是含气层和地面建设工程，开采具有高风险性。

天然气产业涵盖勘探开发、储运、销售、利用等流程，每个业务流程的效益实现都需要生产全要素（劳动、资本、技术、管理等）协同作用才能实现。以上游天然气勘探开发为例，其生产过程包含两个作业流程，一是勘探作业流程（地质勘探、物探、钻完井、勘探保障），二是开发作业流程（气藏工程、采气工程、地面工程、开发保障），第一作业流程形成规模经济可采储量，第二作业流程形成工业化天然气产能，每个作业流程中都有生产全要素不同程度的贡献，才能最终实现经济可采储量和产能，生产要素创新创效贡献才得以体现。相应地，推进企业管理创新和管理创新成果创效同时得以实现。

2. 天然气产业相关油气企业发展要素投入体系

天然气产业相关油气企业发展要素投入包括：自然与环境要素（天然气自然资源、环境资源要素等）；社会环境要素（经济、政治、法律、市场、价格、科技、文化等要素）；内部发展要素（组织、制度、人才、科技、内部市场、内部价格、市场品牌、销售、信息资源、知识产权、企业文化、企业党建、HSE、物流、质量、应急、绩效等要素）；内部物质要素（如气藏、储量资源、原材料、生产设备、房屋、土地、数字网络硬件等要素）；内部资金要素（资金、成本、资本市场、利率、汇率等要素）等。

根据现代行业企业发展的要素体系和增长方式的内涵，可将推动天然气产业经济增长的众多因素归纳为两类：一是非物质要素组合创新的投入所产生的价值，二是各种物质要素组合创新的投入所增加的效应。天然气产业相关油气企业诸多关键要素的投入，其目的就是围绕企业核心竞争力和可持续发展能力展开，促进天然气产业经济增长方式转变。

3. 天然气产业相关油气企业产出价值体系

根据天然气产业经济增长方式转变的战略目标，判断和衡量经济增长的指标体系主要包括三方面：反映要素组合创新经济增长效率类指标，如天然气产出量及其产出增长率、要素组合投入量及其投入增长率、资本生产率等；反映要素组合创新经济结构及其变化类指标，如天然气产品结构、技术结构及其变动情况、集约度和粗放度、增效率和节约率、增效量和节约量等；反映要素组合创新经济运行质量类指标，如天然气经济景气波动情况、安全运行指标、环境污染指标等。

天然气产业相关油气企业产出要素包括两方面：一是天然气储量和产量增加、非增储增产收益直接经济效益提高；二是天然气产业相关油气企业经济增长方式转变,包括:优化和提高产业结构,规范企业的法人治理结构,建立规模化和一体化的生产经营体系;整合、压缩机构,实施扁平化管理,切实做好决策管理,促进决策科学化和经济增长方式顺利转变;加强内外投资管理,建立健全投资责任制度;做好财务、资金管理和物资管理,从源头抓起,实现全过程成本控制;实行信息化改变市场营销手段,提高产品销售和物资采购效益;优化组织结构和生产要素配置,减少费用支出。

天然气产业相关油气企业产出价值体系如图2-1所示。

(二)企业软科学研究系统

1. 软科学研究系统的内涵

企业软科学研究系统包括企业软科学研究机构、管理创新决策咨询机构、软科学研究情报机构、软科学研究成果价值评估机构等。部分油气企业设置有自己的企业软科学研究机构、技术经济评价机构等。根据企业内外部环境,分析企业管理存在的问题与面临的挑战,密切结合企业生产经营实际,采用综合集成创新研究、分析评估,制定解决问题的思路、措施与方案,实施管理创新模式机制或方案,并对管理创新全过程进行监督、考核及修正,以实现预期管理创新目标。管理创新项目管理包括选题与开题、合同实施、过程质量监管、成果提炼与总结、成果应用与激励等。

企业软科学研究的主要业务流程包括规划、计划、立项、实施、检查、结题、奖励,以及成果应用推广等环节的管理。除了抓好企业软科学研究项目立项初审、方案论证、公开招

第二章 天然气产业管理创新成果价值形成与转化机制

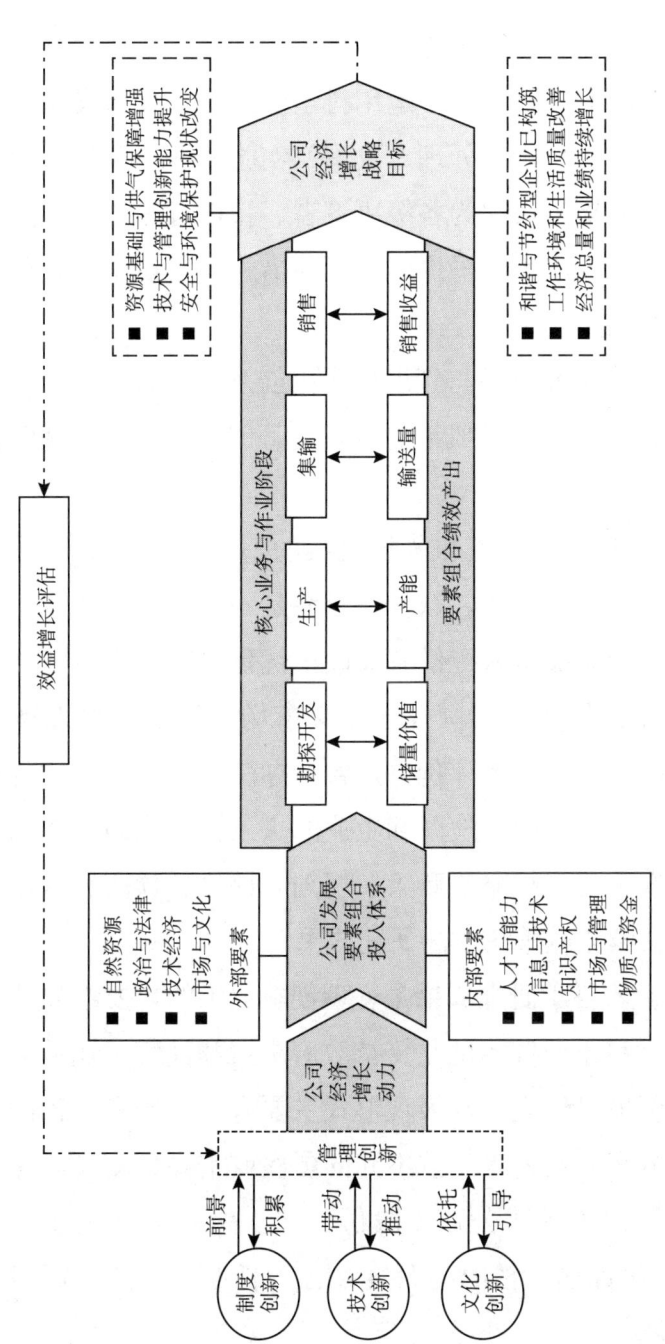

图 2-1 油气企业产出价值体系模型

标、研究过程监控和成果验收等环节外，应重视企业软科学研究项目和实施的紧密结合。运用科学的工程手段和设备，包括对信息的采集、分析、处理、决策的实验考证等，让企业软科学研究项目成果不仅能为各级决策者、管理者提供新观点、开拓新思路，而且成为可操作的方案和措施，实现企业软科学研究项目常态化。

2. 软科学研究成果与管理现代化创新成果的关系

第一，软科学研究成果更具有显著创新性，是管理创新活动的重要支撑。

软科学是支撑民主和科学决策的整个科学知识体系的简称，是一门交叉性学科。软科学研究是一项带有战略性、全面性、长期性的为决策者提供有关政策优化方案或决策依据的咨询研究工作，是伴随我国社会主义市场经济的需要发展起来的。科技部《科技成果评价试点暂行办法》中提出，软科学成果是指为国家、部门、地区和企业的决策科学化和管理现代化而完成的有关发展战略、政策、规划、评价、预测、科技立法以及管理科学与政策科学的研究成果。

第二，软科学研究成果是管理创新成果的重要组成部分。

企业软科学研究指的是支持政府决策和油气企业重大决策的管理创新项目研究。其表现形式主要有课题研究、咨询、调研报告、方案、规划等。按不同的层次或重要程度又分为国家级、省级、部（集团公司、股份公司）级、油气企业级、矿（厂、所）级课题。按时间跨度又分为长期、中期、短期和临时调研课题。

第二章 天然气产业管理创新成果价值形成与转化机制

企业软科学研究范围主要包括：油气企业的发展战略、规划、政策、经营管理、体制改革、科技发展、市场开发、技术经济分析、重大项目可行性论证，以及经济决策的基本理论和方法。它的成果是与天然气产业相关油气企业密切相关的方案、决策、战略、规划、方法、策略、政策、对策等，其任务和作用是为天然气产业相关油气企业各级领导决策和政府决策提供科学的依据。

（三）软科学研究成果应用系统

天然气产业生产和经营管理创新活动是指管理创新的具体实施阶段，是管理创新主体在一定的创新目标导向下，实施管理创新方案，并能促进创造和变革的活动，是管理创新行为的重要组成部分。这些活动由管理创新目标指引，受文化创新的影响，并得到创新制度的保护，在管理创新活动中发挥投入、创新活动和成果转化三个方面的主体作用。管理创新活动按照活动性质的不同可以分为变革性活动、完善性活动和协调性活动三类。企业管理创新活动的基础条件是：创新主体应具有良好的心智模式和较强的能力结构；企业应具备较好的企业软科学研究系统和知识管理条件；企业应营造一个良好的管理创新氛围；管理创新应结合本企业的特点。现代企业之所以要进行管理上的创新，是为了更有效地整合本企业的资源以完成本企业的战略目标和任务；管理创新应有明确的创新目标。创新目标引导创新行动，生产力目标、市场目标、技术改进目标、人力资源目标等目标中最核心的部分就是创新。管理创新目标就是这一系列目标在创新层次上的追求。

成功的管理创新要求企业对构成管理创新的四个阶段进行管理和控制。分析企业内外部环境，发现存在的问题和面临的挑战，以提取管理创新信息；对管理创新内容和目标做出战略性选择，决策和制定解决问题的方案和措施；配置管理创新活动资源，实施管理创新方案，并有效进行过程调控；管理创新绩效考评，以培养和提升企业更灵活地对外在环境变化做出反应的能力。在不断学习的基础上，上述四个阶段不断循环，构成了企业的创新模型。

第二节　天然气产业管理创新成果价值表征

一、管理创新成果主要类型

根据科技部《科学技术评价办法（试行）》（国科发基字〔2003〕308号）对科技成果定义，科技成果是指为解决某一科学技术问题，经过研究与开发完成的并通过技术认定具有一定实用价值或学术意义的结果，将其划分为基础理论成果、应用技术成果、软科学研究成果等，应用技术成果又分为技术开发类应用技术成果和社会公益类应用技术成果。《科学技术成果评价暂行办法》（全联人才〔2013〕17号）所指的科技成果评价主要针对技术开发类应用技术成果、社会公益类应用技术成果、软科学研究成果三种类型进行评价。因此，管理创新成果是科技成果的重要组成部分。

管理创新成果是指为决策科学化和管理现代化而进行的

第二章 天然气产业管理创新成果价值形成与转化机制

有关发展战略、政策、规划、评价、预测、科技立法以及管理科学与政策科学的研究成果。管理创新成果应具有创造性，对国民经济发展及国家、部门、地区和油气企业的决策和实际工作具有指导意义。管理创新成果的主要类型包括软科学研究成果和管理实践成果，软科学研究成果包括软科学研究报告、著作、论文、技术秘密、标准等，是根据软科学项目研究形成的直接成果体现；管理实践成果包括管理方法、管理技术、管理模式、管理措施等，都是根据企业发展环境和经营管理需要，将软科学研究成果应用于管理创新活动实践后，不断总结提炼形成的，是软科学研究成果的二次或多次创新效果的展现。

二、管理创新成果五大价值

（一）科学价值

管理创新成果的科学价值主要是指管理创新成果对隐藏于管理实践活动中的基本运行规律的发现与创造等方面的贡献。这些基本运行规律诸如政治管理活动中的矛盾协调、市场经济管理活动中的价值规律、文化管理活动中的思想创造规律等。

（二）技术价值

管理创新成果的技术价值，是指通过在管理原理、管理方法、管理模式、管理措施等方面的独创性贡献，在解决重大管理瓶颈、管理漏洞、管理误区等问题上取得的成效。如现代社会和组织管理中对智囊团专家顾问意见的借鉴和科学规划的定量模型趋向，反映出管理价值实现方法上的科学化倾向。

（三）经济价值

管理创新成果的经济价值是通过新思想、新体制、新机制、新方法引入管理过程，以优化流程、提高资源整合效率、防范风险降低成本并产生直接经济效益，以及通过推广应用对经济和产业发展产生的间接效益。

（四）社会价值

管理创新成果的社会价值是管理创新活动适应于社会大生产方法发展需要，提供的专业化、标准化和市场化的产品和服务，以此解决人民健康、国防与公共安全、生态环境等重大瓶颈问题，以提高社会福利水平的总体贡献。

（五）文化价值

管理创新成果的文化价值是指管理创新刺激内生动力机制形成激发人的积极性和创造性的能力，重点在倡导科学家精神、营造创新文化、弘扬社会主义核心价值观等方面的影响和贡献。

第三节　天然气产业管理创新成果创效与经济价值实现

一、天然气产业管理创新成果创效机制

（一）基于生产要素组合创新增值的管理创新创效

要素组合创新增值机制指在天然气产业经济增长方式的转化与发展过程中的关键要素运作机理与相互关系，本质是实现要素价值增值的过程，其具体内容包括：优化要素组合创新，

第二章 天然气产业管理创新成果价值形成与转化机制

提高要素质量,特别是人才素质和资本质量,尤其指增加科学技术和管理创新的含量;改进生产要素配置,包括在天然气产业链间、企业间、部门间合理配置生产要素;挖掘天然气经济增长要素以及组合创新的潜在价值等。通过要素合理配置和调整,优化产业结构、组织结构和产品结构,提高资本技术构成、科学管理水平和经济运行的质量,促进要素组合创新的综合利用效率和总体经济效益水平的逐步提高,从而实现天然气产业经济的持续、协调、快速、健康发展。因资本投入、劳动投入、随机干扰因素等对总产出的贡献都包含了管理要素的贡献,都可以分解出管理要素产生的价值,以体现出管理要素在经济增长中对其他要素组合优化配置及其经济贡献。通过扩展科布—道格拉斯生产函数:

$$Y_t = A_m (K_t^{\beta_m} L_t^{\alpha_m} e^{\mu_m}) M \tag{2-1}$$

式中:

Y_t——总产出,万元;

A_m——综合技术水平,%;

K_t——资本投入(包含研发资本),万元;

β_m——剔除管理要素的资本产出的弹性系数;

L_t——劳动投入,万元;

α_m——剔除管理要素的劳动力产出的弹性系数,$M(\alpha_m + \beta_m) = 1$,其中 $\alpha_m + \beta_m < 1$;

μ_m——与时间相关并剔除管理要素的随机干扰因子,$M\mu_m \leqslant 1$;

M——管理要素产出的平均弹性系数,即管理要素对技术、资本、劳动要素及随机干扰要素优化配置创效的平均弹性系数,$M \geq 1$。

因此,在企业资源禀赋和资金投入相同条件下,规模效益发展主要决定于技术要素与管理要素协同创新驱动。天然气产业技术创新成果主要形成规模储量产量或产出,对投资、成本费用也起到降本增效的作用。天然气产业管理创新成果通过应用与转化实现提质增效。天然气产业生产和经营管理创新成果通过成果应用,其创效途径有三个方面:通过影响市场主体对天然气产业价格水平的优化和制定,争取政府对总税费结构和水平的优化与调整,实现提质增效的作用;通过天然气产业相关油气企业内部体制机制改革与资源优化配置,对投资、天然气操作成本费用起到降本增效的作用;通过优化配置技术创新资源,激励科技人才,提高技术创新水平,间接对天然气规模储量产量绩效形成也作出较大贡献。所以,天然气产业管理创新与技术创新二者协同作用协同发展,互为支持天然气产业创新创效。

(二)基于企业财务恒等式的管理创新创效机制

根据企业财务恒等式,在天然气资源禀赋和资金投入相同条件下,天然气产业规模效益开发主要决定于体制机制、技术、管理、文化等要素协同创新驱动。在油公司管理体制机制创新和文化创新背景下,技术创新与管理创新创效协同增加天然气产业规模经济可采储量和产量收入,降低不增值的支出,合理合规减少总支出:

第二章　天然气产业管理创新成果价值形成与转化机制

$$天然气生产总利润 = 总收入 - 总支出 \quad (2-2)$$

其中，

$$总收入 = 天然气规模（储量、产量）总量 \times 价格 \quad (2-3)$$

$$总支出 = 总成本费用 + 总税费 \quad (2-4)$$

$$总税费 = 营业税金及附加 + 所得税 \quad (2-5)$$

根据企业会计恒等式，企业生产总利润通常是总收入减去总支出的差额，其中，总收入由总量与价格相乘获得，依靠天然气产业技术创新成果应用形成规模储量产量可以促进总量增加，依靠天然气产业管理创新成果影响价格水平的制定可以促进价格优化，从而协同提升总收入；总支出包括总成本费用和总税费（营业税金及附加、所得税等），依靠天然气产业技术改进与创新可以降低投资、降低成本费用，依靠天然气产业管理创新可以争取总税费结构优化、降低资源配置与流程管理费用，从而协同降低总支出。

天然气产业技术创新成果主要形成规模储量产量，对投资、天然气操作成本费用也起到降本增效的作用。而天然气产业管理创新通过研究成果应用，积极影响市场主体对天然气价格水平的优化和制定，争取政府对总税费结构和水平的优化与调整，实现提质增效的作用。同时，天然气产业管理创新通过体制机制优化配置技术创新资源，提高天然气产业技术创新水平，间接对规模储量产量绩效形成也作出较大贡献。当然，天然气产业技术创新也为管理创新现代化手段、方式方法提供支持。二者协同作用协同发展，互为支持，以最小的总成本获得更多有效益的经济可采储量和产量。

二、天然气产业管理创新成果创效特点

（一）成果创效的协同性与层次性，导致创效分成或分配困难

天然气产业管理创新成果创效协同性体现在企业生产要素协同创效性，日常管理与创新性管理体系协同创效，几乎没有单一管理创新成果独自实现管理创新创效。同时，任何事物都具有级序的，天然气产业管理创新成果也不例外，因成果水平、应用领域和应用时间等因素，天然气产业总体管理创新成果创效和单项成果应用创效都具有层次性。既然是要素协同性创效，就必须分别考虑要素创效的差别，而要素的层次性要求按照不同级序的要素分别考虑创效级差，这导致天然气产业管理创新成果应用创效分成和分配困难。

（二）成果创效的依附性与延时性，造成创效时空错位难以准确衡量

天然气产业管理创新成果创效的依附性表现为对天然气产业相关油气企业所需资源、天然气产品、业务流程、管理创新活动等载体的依附性。其延时性体现在软科学研究成果应用、转化与产出环节，其创效评价和确认也具有延时性，成果评价又多具有"绩效后评价"属性。特别是天然气产业管理创新成果创效的依附性体现出与创效载体的依存关系，创新成果必须与载体配置优化，才能获得好的收益。国外先进的管理创新成

果必须与我国具体实际相结合，符合国情企情才能获得应用效果。不同行业的管理创新优秀成果，只能与同行业资源条件相配置，才可能产生积极性的应用效果。

（三）成果创效的生命周期性与阶段性，造成创效波动性大

天然气产业生产和经营管理创新成果创效生命周期性表现为在天然气产业生产运营项目的全生命周期内发挥作用，天然气产业管理创新成果自身也具有全生命周期性，成果创效阶段性体现在不同业务的阶段性，成果自身创效也具有阶段性。实际上，一项成果在其全生命周期内，不同阶段创效能力差异很大。特别是天然气产业管理创新成果的周期性比技术创新成果要短些，其时效性更强。对天然气产业发展环境研判后形成的政策建议，随着发展环境快速变化，部分建议可能过时，在新的环境下还可能造成负面效果。

（四）成果创效的多维性与间接性，造成创效对应匹配关系复杂

天然气产业管理创新成果创效的多维性体现在所创效益类型和效益评价指标的多维性。其创效间接性表现在成果创效分成率计算和分享过程的间接性。总之，天然气产业管理创新成果创效特点造成成果收益分成或收益分配十分困难。研究与实践表明：成果创效评价只有合理的分享值，没有与成果创效匹配的精确解。因此，只有转变思路，应用价值分享理论，寻找科学合理规范的收益分成评估模型，确定合理的成果收益分成值，才能为天然气产业管理创新成果价值评估提供可行路径。

第三章

天然气产业管理要素谱系设计

第一节　技术有形化、技术谱系与管理要素谱系

一、技术有形化

石油天然气行业内最早提出技术有形化概念的，是中国石油为了对已经成熟的油气特色技术进行内部共享传承和外部展示应用，开展技术资源管理创新，提出了油气技术有形化概念，为油气技术价值管理提供基础。对天然气产业而言，伴随创新驱动发展对天然气技术价值增值与技术成果转化应用的内生诉求，天然气技术价值化与商业化被摆在了更加重要的位置，对单项天然气技术价值量化提出了更加紧迫的需求。以天然气技术有形化成果为技术价值量化提供关键工具支持的设想，在方法应用与实证评估中遭遇到严峻挑战，构建以有形化技术体系为基础的、具有严密逻辑关系和递进式技术层级级序的天然气技术体系，促进了天然气技术谱系的提出与推进。因此，天然气技术有形化与天然气技术谱系都是天然气技术资源

管理方式在不同发展阶段与发展时期演进的产物。在创新要素市场化与能源技术新优势打造的时代背景下，天然气技术有形化与天然气技术谱系作为技术价值链上两项重要的基础性工作，应当深入推进、协同努力、共同发展。

（一）油气技术有形化的提出与发展

1.油气技术有形化的提出与内涵

油气技术有形化是针对油气技术传承和商业化应用而提出的新理念，最初是为了解决自主知识产权集成不足、配套不全、宣传不够、传承不力、掌握在个人手里等问题提出的，旨在将先进、使用、分散、隐形的特色技术进行集成配套，显形成为可共享、可传承、可推广的油气资产，并在油气主营业务发展需求与技术研发、成果转化应用之间建立一个高效、顺畅、有形的平台和桥梁，实现油气技术的内部共享传承和外部展示应用。因此，早期油气技术有形化工作的开展，主要围绕国内外主营业务发展的技术需要，汇集和整理中国石油优势特色技术，总体规划有形化框架，按照"顶层设计、突出特色、明确载体、形成资产、共享传承、重在应用"的思路，开拓技术有形化商业化工作，注重技术内涵特征梳理、刻画、传承和技术外延使用价值包装、美化、推广，取得了明显成效，形成了一套行之有效的方法流程和配套措施。

在实践中不断总结提炼，形成了油气技术有形化的定义，即油气技术有形化是把技术、产品、服务、解决方案、经验规律等物质或非物质形态的事物，通过标准化、规范化和流程化等知识管理手段，以及技术手册、宣传册、宣传片、展板模型等表征手段,形成可以传承、交流和应用的显性形式,促进油气科技成果的内部共享和外部推广,实现油气技术价值最大化。在结构与实施上,技术有形化内涵与外延互为一体,即技术有形化由"技术载体、技术持有人、技术表征""三位一体"构成,应依据"技术开发、技术集成、技术应用""三部曲"实施。

2. 油气技术有形化理论与实践整体取得较快发展

按照中国石油的部署和推进,自 2007 年开始开展为期两年对三项技术(稠油热采、低渗与特低渗油田开发、气举采油)的有形化试点并取得良好效果开始,2009 年,中国石油扩大开展六项技术有形化集成,2010 年扩展到 30 项,此后每年递增,尤其是针对其中重大科技专项中产生的技术成果,单独集成包装为"技术利器",推进油气技术有形化工作不断向纵深发展。同时,出台了《中国石油天然气集团有限公司关于加强技术有形化的指导意见》,油气企业积极落实,尤其是对"中国石油科技成果、知识产权有形化管理"系列课题的深化研究,推动顶驱技术的有形化、井控装置现场试压技术的有形化等为代表的油气技术有形化实践,尤其在基础研究与特色技术自主研发方面的创新成果有形化,对于石油和化工领域科技成果展示、中国石油海外油气业务谈判等都产生了积极的作用。同时,也促进了技术有形化相关理论研究的不断丰富发展,诸如标准化在技术成果有形化中的应用、石油工程技术有形化指数研究、技术有形化对天然气科技文化建设的作用等,更大范围和程度上促进了油气技术的创新发展。

3. 油气技术有形化向技术价值化发展

随着对油气技术有形化研究与实践的不断深入,特别是技术有形化向商业化和价值化发展过程中的研究深入,技术有形化的在油气科技价值链中的地位愈加清晰。从科技价值增值路径看,技术有形化是科技价值增值链的基础,是实现技术价值外显与增值的第一阶段,如图3-1所示。基于物理链上的关联,在深入推进科技价值化研究的过程中,以油气有形化技术体系为基础,油气技术有形化不再单独局限于对油气技术的梳理,更多关注油气有形化技术在油气技术价值增值过程中的作用发挥,使油气技术有形化向油气技术价格化、商业化和价值化方向不断发展。

(二)天然气技术有形化

油气技术有形化的推进与发展不仅从整体上促进了中国石油的科技发展,对于中国石油地区公司和其他油气田公司科技管理创新发展也产生了极其重要的助推作用。以中国石油西南油气田分公司(简称"西南油气田")推进天然气技术有形化为例,自开展有形化项目以来,天然气技术有形化工作成效显著,诸如:代表性的"天然气勘探开发技术"有形化项目、"海相碳酸盐岩气藏勘探开发技术"有形化项目等,都取得了及其良好的效果。除了精心组织完成好中国石油下达的有形化项目以外,每年都投入大量研发资金和人力资源,对西南油气田各大技术领域取得的关键技术创新或技术进展进行总结和有形化展示。自2010年起,利用实施中国石油技术有形化项目的工作经验,对西南油气田当年开展的各类技术攻关成果,按

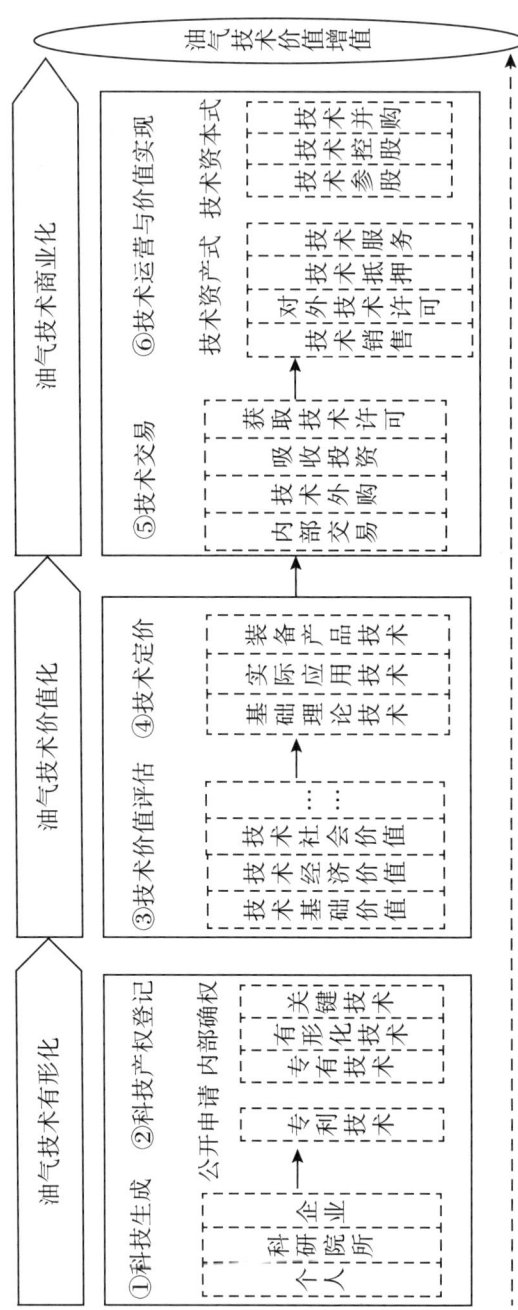

图 3-1 油气技术价值链进程示意图

技术有形化方式进行集成和系列化，编辑形成了七本《西南油气田公司年度科技进展》专著以及一本《西南油气田公司"十二五"特色技术》彩色画册；《西南油气田公司"十二五"特色技术》对西南油气田"十二五"以来的技术攻关成果进行了总结和集成，在10大专业技术方向形成96项特色技术，其中21项技术国际领先或先进，59项技术国内领先。

天然气有形化技术体系，先后在中国石油领导干部会议、油气田科技大会、第十六届中国（重庆）国际投资暨全球采购会、第三届中国国际智能电网建设分布式能源及储能技术设备展览会页岩气主题展等期间进行有形化展示，不仅直接展示了天然气勘探开发关键技术新进展，而且有效促进了缓蚀剂、原料油脱硫剂、硫黄回收催化剂等成果技术在国内各大油气田和土库曼斯坦、印度、巴基斯坦、苏丹、阿尔及利亚等地区的推广应用，对于帮助科研技术人员找准研究方向、提升公司形象等方面也起到了直接的促进作用。

二、技术谱系

（一）油气技术谱系概念提出

自2016年开始，中国石油科学研究项目"集团公司技术商业模式与价值化研究"和西南油气田博士后科研项目"天然气勘探开发科技绩效评估方法研究与应用"先后设立，专项开展油气技术价值为核心的价值化与商业化系列研究。在中国石油以剥离法为核心的石油科技成果直接经济效益计算方法、以增量效益法为核心的重大科技专项经济效益评价方法（勘探开发类)、以综合指标体系为核心的油气有形化技术商业化价值评估方法等基础上,集成创新了油气科技成果收益递进分成法,按照三次剥离实现"生产要素分成—总体技术分成—单一技术分成"的"三部曲",从而实现对单一技术价值的具体量化。递进分成的核心在于对庞大的技术体系综合形成的创新成果效益进行逐层细分,通过层级式的剥落与要素分离,最终将成果经济效益落脚到具体技术上,因此,设想引入油气有形化技术体系作为关键工具,解决原方法中使用"油气技术结构模板"带来的单一技术最终贡献系数均一化问题。

由于油气技术有形化工作开展的初衷是针对已经成熟的技术进行集成配套与包装使之显性化、有利于内部共享传承与外部展示,因此,形成的油气有形化技术体系并不能完全涵盖油气工业发展的技术系列,并且在技术层级上也缺乏完整性,技术顶层设计理念不够充分、技术结构内容不够完善。随着方法研究的深入与实证评估工作的开展进一步发现,技术增量效益并不完全体现当期技术创新创效的贡献,大型油气藏的发现是多年坚持勘探实践和持续科技创新投入的产物,也就是整个专业技术体系协同、持续、波浪式应用的结果,且相同油气技术在不同应用领域(如常规气藏、页岩气藏、致密气藏等)的基础功能价值和创效能力差别较大,因此,必须建立油气专业的基础技术级序和基础功能价值体系,以体现单一技术基本创效能力差异,而"油气有形化技术体系"显然已经不能满足这一需求了。

项目组经过大量研究,从"油气技术有形化技术体系"概念延伸开去，结合技术价值评估对技术级序的需求，引入"谱系"概念，提出应当建立"油气技术谱系"概念，并首次在2019年《天然气工业》杂志发表的《我国油气技术价值分享理论体系及其构建》一文中正式使用。

（二）油气技术谱系的内涵界定

谱系一词本义指对具有同根同源性事物或者宗族变化情况的描述，最为常见就是家谱记载。技术产品由代系向谱系化发展，是一个由单一向多元化发展的过程。技术谱系不仅代表技术家谱上的系统，也喻指技术种类变化的系统，它有着双重逻辑概念，既是一种静态家谱式的图景展现，又是一种研究和探索方法。因此，油气技术谱系是立足油气工业整体视域，依据油气工艺技术业务流程和作业保障需要，充分尊重庞大的油气技术体系间各技术支系、技术系列、单一技术等的基本价值与历史贡献，综合设定的具有严密的递进式层级关系和级序的一种在册基本技术架构。油气技术谱系是精细刻画技术体系间和技术级序的基本关系索引，是有效解决技术创新成果效益剥离的工具，也是核查技术创新成果分成率的关键工具之一。

油气技术谱系具有三大特性：一是系统性。"谱系"本义不仅代表家谱上的系统，也喻指物种变化的系统，技术谱系的概念，本身是将技术的研究视域引入系统范畴。与有形化油气技术树不同，油气技术谱系并不只以特色油气技术成果为对象，是对所有油气技术的集合性综合考虑，是在用基本常规技术体系、在用其他基本创新技术体系、关注的创新技术等等之和。二是价值性。油气技术谱系充分尊重油气技术的基础功能价值与历史贡献，凡纳入油气技术谱系内的在册技术，就表示其对增储或增产是有贡献的，因此，在油气技术要素作为一种生产要素参与区块勘探开发增量效益分配时，必须首先考虑区块的技术在历史的大平均中的水平，并给予一个权重。三是层级性。与油气技术树的级序呈现随意性不同，油气技术谱系讲求油气技术间的层级关系、逻辑关系甚至亲缘关系，具有严肃的层级性，必须按照油气技术价值与贡献放在特殊的位置上或特定的框架范围内，原则上不能替代、不可越级、不许错位。即便在某一区块或勘探开发阶段出现某项单一创新技术或支系技术功效倍增、突出性贡献巨大、增效作用显著，也只能在该级序内重点分析油气技术创新性获得的效益，并适当考虑和尊重相关油气技术的辅助作用。

（三）油气技术谱系的构建与应用

《我国油气技术谱系构建探索——以天然气勘探开发技术为例》（2020）一文首次建立了油气勘探开发技术产品总体谱系图的思路与结构，构建思路与原则是：坚持油气产业链工程专业体系决定技术级序需求，形成三级基础级序；依据油气产业链主体工程专业的层级相关性，确定一级、二级、三级技术级序；坚持科技成果协同创造价值原则，按照技术级序结构赋权其价值指数实现收益应享尽享。以天然气勘探开发为例，整理现有文献及中国石油有形化技术成果资料（2008—2018年），按照5n等比级数提出天然气勘探开发技术级序谱系的内容。在科学出版社出版的《油气科技价值分享理论研究与应用》（2020）一书中，明确将油气技术谱系设计作为油气科技创新价值评估与分享的关键技术,并在系统论述天然气勘探开发技术谱系构建,涵盖勘探开发业务流程与技术需求、勘探开发技术谱系构建的重要性、勘探开发技术谱系结构设计、勘探开发技术谱系的内容等。

伴随油气勘探开发科技成果价值评估方法优化与应用研究,将油气技术谱系应用于价值评估,形成核心成果"油气科技创新成果收益递进分成法的构建——以油气勘探开发为例"(2021)。研究表明:油气科技创新成果收益递进分成法能够有效解决油气技术要素内部从总体到单一技术创新成果经济价值量化问题,多项应用结果表明其科学可行;油气技术谱系及其一级、二级、三级分成基数是递进分成法的关键工具,科学构建逻辑严密、层级结构清晰的油气技术谱系意义重大。

当前,中国石油对于油气技术谱系的构建,走在能源行业乃至中央企业前列。继2021年11月率先出台《中国石油天然气集团有限公司油气勘探开发科技成果经济效益评估操作指南(试行)》并在集团内部实施后,持续开展"炼油和化工科技成果经济价值评估方法研究与应用""储运科技成果经济价值评估方法研究与应用",并正在着力推行油气炼化类、油气储运类指南编制与出台。同时,立足指南在内部试行的良好成效,积极推动与中国石化、中国海油联合的行业标准《石油天然气勘探开发科技成果的经济价值评估方法》编制与发布。在此过程中,"油气技术谱系"作为价值评估关键工具的理念,已经被中国石化、中国海油的科技管理部门接纳并推行,对于促进油气行业技术谱系的健全完善起到了非常积极的直接促进作用。

（四）天然气技术谱系

天然气产业链技术谱系是由产业链工程业务层级决定的具有严密逻辑关系的技术级序体，是在资源战略认知规律的基础上，通过分析天然气产业技术应用市场需求、技术产品以及发展趋势，梳理技术级序和特征谱系演进脉络，形成天然气产业技术谱系。针对天然气技术谱系具体内容，此处以天然气勘探开发技术谱系为例说明。天然气勘探技术主要包括五个一级技术：地质勘探技术、物探技术、钻完井技术、勘探装备工程技术、勘探保障工程技术。其中，每个一级技术下都包含五个二级技术，如：天然气地质勘探技术包括的五个二级技术为地质模型构建与模拟技术、天然气地质实验技术、天然气地质综合解释与评价技术、天然气勘探部署技术、天然气资源评价技术。与一二级技术类似，每个二级技术下也都包含五个三级技术，如：地质模型构建与模拟技术包括的五个三级技术地层层序与沉积体系分析重建技术、地质构造—沉积模式及重建技术、地质模型数值模拟技术、盆地综合模拟技术、油气成藏模拟技术。

天然气全产业链技术谱系构建与应用是实践的产物。在建立天然气全产业链科技成果经济价值评估模型中，天然气产业链技术谱系作为实现价值评估的关键工具，得到了进一步丰富与发展应用。以西南油气田为例，经过多年持续不断的努力与发展，天然气技术有形化取得了良好的成效，在天然气技术谱系等研究与实践方面已经走在了前列。在前期成果基础上，2022年，西南油气田同时推进科技成果价值评估与技术谱系的专项攻关，设立科研项目"天然气科技成果经济价值评估方法优化与应用研究"，将天然气产业链技术谱系作为实现全产业链价值评估的关键工具，初步构建了适应于天然气科技成果价值评估需要的涵盖上游、中游、下游的全产业链技术谱系，并分别应用于天然气勘探开发、输气管道、利用等不同类型科技成果价值评估中；设立"西南油气田天然气技术架构研究与谱系构建"项目，立足油气田技术发展需求，构建西南油气田技术谱系与技术谱系管理模块开发，为推进靶向技术创新提供参考。

在天然气技术资源战略管理视角下，天然气技术谱系与天然气技术有形化并不是独立的，应当是螺旋式上升的协同发展关系。推进天然气技术谱系不断优化与完善，为着力自主创新、打造天然气原创技术策源地提供战略性方向指引；对天然气技术有形化而言，更应当在天然气技术资源战略管理顶层设计与天然气技术谱系框架下，对年度有形化技术成果进行整理归集，客观上能够促进定期对特色、成熟的科技创新成果进行梳理、整合、集成，在优化有形化技术体系自身、打造天然气技术利器的同时，还能够进一步丰富天然气技术谱系。二者相辅相成，互为补充、互相促进，以天然气技术谱系指引天然气技术有形化特别是技术利器的打造，以天然气技术有形化支持天然气技术谱系的丰富发展，协同推进天然气技术资源战略管理创新实践与管理提升。

理论与实践研究表明，天然气工业发展涉及面广，影响因素复杂，不同视角下对技术谱系的审视会产生不同的结果，天然气技术谱系的构建是一项复杂的系统工程，依据不同的应用需要，开展不同视角的天然气技术谱系研究，对于从整体上优化完善天然气工业技术谱系，也具有极其重要的推动与促进作用。天然气产业具有上、中、下游一体化的鲜明特征，天然气勘探开发具有"三高"特点（高风险、高收益、高投入）。未来中国将进入常规气与非常规气并重的发展阶段，表现为常规气稳定发展、致密气长期稳产、页岩气快速上产、煤层气稳步推进的发展态势。为了适应不同勘探开发领域、不同天然气勘探开发气藏类型的技术市场需求，需要不同的个性化、系列化天然气勘探开发技术产品谱系与之适应，尤其是适用于深层气藏、大型气藏、致密气藏、页岩气藏、煤层气藏等类型的技术谱系。

三、管理要素谱系

（一）天然气产业管理要素谱系概念

天然气产业管理要素谱系是以谱系学思想为主导，在认知管理创新规律的基础上，通过分析天然气产业生产和经营管理创新成果需求、发展趋势，梳理演进脉络形成的管理要素间基本能级关系的一种要素级序。它有利于明晰天然气产业管理创新领域的发展方向和实现目标所需的主体管理要素及其间关系，为实现管理创新成果按价值贡献参与收益分配提供坚实基础。

（二）管理要素谱系的作用与意义

1. 天然气产业管理要素资源战略发展的需要

作为有着相似的学术起源、类似的要素结构与知识体系的以及共同的价值观念构成的要素谱系，在创新知识传承过程中起到了维系纽带与发展的重要作用。目前，天然气专业学科分类和专业职称序列已经形成规范，天然气产业相关油气企业把科技战略列入企业战略规划，并多举措保障规划实施，大多数油气企业重视专利技术、著作权等无形资产管理，也包括管理要素创新成果。

天然气产业管理要素谱系设计，有利于明晰天然气产业生产和经营管理创新发展方向和实现目标所需的主体管理要素，从而厘清管理要素之间的关系，按现代天然气产业经营管理和生产管理要素系统分别设计管理要素级序与收益分成基数，为天然气产业生产和经营管理创新成果收益分成评估模型构建提供坚实基础，也是丰富和发展天然气产业管理要素资源的重要工具。

2.油气产业科技价值化与商业化发展的需要

中国石油重视科技价值化与商业化发展，按照"总体设计、突出特色、明确载体、形成资产、共享传承、重在应用"的思路进行技术有形化的探索与实践，建立了技术手册、宣传手册和宣传片为主导的有形化技术产品，推广应用成效显著，实现了技术创新成果的科技价值和商业价值。天然气技术有形化实际上是天然气技术谱系的重要基础工作之一，其中专项技术有形化的技术树梳理是技术级序结构谱系的基础工作，技术手册是技术级序特征谱系的基础要素。与有形化技术树不同，技术谱系并不只以勘探开发特色技术成果为对象，是对整个天然气勘探开发行业的技术体系进行顶层设计，综合考虑其基本级序结构分布。显然,天然气勘探开发技术树与技术谱系图的差异很大,主要表现在设计理念、定位与目标、结构与数量特征、主要用途等方面。例如,在设计理念方面,技术树逻辑起点自定,可为任一技术对象,重视技术纵横关系描述。技术谱系图逻辑起点为勘探开发行业,重视基础级序,尊重基础价值分享,系统和全面描述技术基本关系,直至单项创新性技术。

天然气产业管理创新成果是科技成果的重要组成部分,也是科技价值化与商业化的重要部分。与技术要素谱系一样,管理要素谱系也应当是逻辑自恰、层次分明、级序严谨的整体设计,才能为科技价值化与商业化提供应有支撑。

3. 天然气产业科技价值评估方法优化的需要

天然气产业科技价值评估的基本方法是收益现值法、成本法、成本收益现值法,这些方法应用到具体天然气产业科技价值评估时都有不同程度的优缺点。天然气产业科技价值评估工作取得显著成效,在油气科技成果收益递进分成法集成创新以前,主要应用的是科技成果效益剥离法、增量收益法等方法,都是力图通过对科技成果产生的效益进行逐层剥离,最终得到具体单项技术的效益贡献,主体思路值得借鉴,但在逐层剥离问题时技术级序设计和基本功能赋权不够规范,影响其推广应用。

研究与实践充分表明,天然气产业技术要素内部的技术体系间都是有等级的,其基本结构定位决定其基本功能价值,技术级序与赋权成为实现单项技术创新成果收益分享评估的瓶颈。同理,天然气产业管理要素内部也存在级序差异,决定了管理创新成果的基本功能价值与贡献度,而天然气产业管理创新成果创效收益分成率的计算,必须遵从天然气产业科技价值实现过程和成果特性,无论管理创新成果创造的效益是直接的还是间接的,其分享率大小都受控于基本结构功能价值与创效能力。因此,必须以天然气产业管理要素谱系为基础才能解决好技术基本结构定位,否则从总体管理要素到单项管理创新成果分享率评估将长期成为难以突破的瓶颈问题。

第二节 天然气产业管理要素级序构建依据与原则

一、主要依据与思路

（一）依据发展要素和业务管理体系,形成一级管理要素级序

根据现代企业管理理论,生产要素协同创造价值是企业共有特征。天然气产业相关油气企业所有作业流程都需要投入不同质量的生产要素,即资本要素（物质资本、资金资本、人力资本、技术知识资本等）、劳动要素（劳动力、劳动对象和劳动资料等）、科技要素（科技创新程度、科技先进程度、科技成熟度、创效程度、技术推广应用前景等）、管理要素（管理主体、管理客体、管理目标、管理方法、管理理论等）。从广义上讲,天然气产业发展管理就是对天然气产业发展要素的有效管理。

天然气产业经营管理是对天然气产业整个生产经营活动进

行决策，计划、组织、控制、协调，并对企业成员进行激励，以实现其任务和目标一系列工作的总称。所以，天然气产业经营管理要素下设 10 个一级管理要素，即：投资、财务会计、市场、科技、人力资源、资本运营、企业文化、和谐管理、党建、经营信息等。

天然气产业生产管理是有计划、组织、指挥、监督调节的生产活动。天然气产业生产管理一切活动围绕这五大要素进行，即人、机、物、法、环。天然气产业生产管理的主要模块：计划管理、采购管理、制造管理、品质管理、效率管理、设备管理、库存管理、士气管理和精益生产管理共九大模块。从天然气产业创新战略和生产管理创新视角，一级生产管理要素主要考虑 10 个，即：勘探管理、开发管理、管道管理、储备（储气库）管理、基建工程管理、工程技术管理、生产运行管理、物资管理、QHSE 管理和信息化管理。其中，QHSE 管理是将质量（Quality）、健康（Health）、安全（Safety）和环境（Environment）管理模式系统化整合形成的一套四位一体的管理体系。

（二）基于业务战略管理要素，形成二级管理要素级序

根据天然气产业发展现状与趋势，从现代经营管理要素系统和创新战略视角，依据天然气产业发展战略管理要素（环境、战略规划、组织架构、关键业务、知识管理、绩效考核与激励等）最佳实践以及 PDCA 循环原理，分别形成天然气产业生产与经营一级管理要素下的五个二级管理要素级序：业务战略规划、业务战略组织、业务战略关键业务、业务战略绩效和

业务战略决策支持。

（三）基于业务战略管理结构要素，形成三级管理要素级序

上述二级管理要素中，基于业务战略管理结构要素，形成五个天然气产业生产与经营管理三级管理要素级序：一是业务战略规划。天然气产业管理创新战略规划体系包括管理创新目标、原则、思路、规划内容与重点、实施阶段与步骤。二是业务战略组织。天然气产业管理创新组织基本结构包括：对管理创新主体、创新战略规划制定与实施、绩效评估、知识管理等环节的管理组织。企业管理体制是企业生产经营活动的管理创新机制、管理机构、管理制度的总称。三是业务战略关键业务。根据天然气产业内外部环境，分析天然气产业发展管理存在的问题与面临的挑战，密切结合天然气产业生产经营实际，采用综合集成创新研究、分析评估，制定解决问题的思路、措施与方案，实施管理创新模式机制或方案，并对管理创新全过程进行监督、考核及修正，以实现预期管理创新目标。四是业务战略绩效。天然气产业管理创新绩效包括管理创新的监督、考核、确立衡量绩效标准、衡量创新成效、纠正偏差等。整个控评体系要围绕创新的特点形成一个闭环，在运营体制、管理制度方法上进行大胆探索与创新，形成战略、预算、执行、绩效、薪酬的闭环管理体系，以保证创新工作按照预期的轨道进行。同时，建立完善的效益型激励机制，衡量一种激励机制是否合理有效的重要标准，就是看它是否获取了较高的经济效益，业绩付酬制实现工资与效益挂钩，将单一激励形式扩展为

多种激励机制。五是业务战略决策支持。天然气产业管理创新决策支持体系建设,需要有四个核心要素:一是拥有比较完善的天然气产业管理咨询与决策研究体系,形成特色鲜明的管理决策咨询研究领域及其研究成果和信息产品成果;二是拥有在天然气产业经济与管理领域领军人才和专职研究人才队伍;三是拥有核心竞争力或自主知识产权的智库方法与模型,为决策咨询提供理论方法支撑和技术支持,包括方法、工具、技术、数据库等;四是拥有比较完善的天然气产业智库平台体系,如信息采集分析平台、信息共享平台、课题研究平台、成果转化交流平台等,以提升天然气产业智库的国际竞争力和国际影响力。

为了规范和有利于天然气产业管理创新成果经济价值评估,在确定天然气产业管理创新实践主体(省部级政府、行业产业、集团企业、所属油气田企业等)前提下,对天然气产业生产或经营业务管理要素(一级管理要素体系)、业务战略管理要素(二级管理要素体系)、业务战略管理结构要素(三级管理要素体系)等,在每个级序中分别提炼出五个核心子要素,成果数量按照 $5n$ 递增,形成 250 个基本管理要素级序。显然,天然气产业管理创新实践主体、业务管理要素、业务战略管理要素、业务战略管理结构要素等可形成复杂的管理要素矩阵,管理要素矩阵有效排列组合成为成千上万个单项或单一管理创新成果。即:天然气产业管理创新成果的基础名称 = 天然气产业管理创新实践主体名称 ×F(业务管理要素名称、业务战略管理要素名称、业务战略管理结构要素名称)。例如,西南地区页岩气资源开发战略目标选择研究，天然气价格管理体制机制创新及配套措施研究，天然气勘探开发科技价值综合评估模型研究与应用等。

二、基本原则

（一）系统性和整体性

天然气产业管理要素谱系是对天然气产业管理创新成果的系统梳理形成的"成果家谱"，是对天然气产业管理创新成果级序与地位的认定，代表了天然气产业生产经营管理探索的历程。因此，在构建天然气产业管理要素谱系时，必须要遵循天然气产业管理创新成果的系统性创造过程并进行级序梳理，只有从整体视域出发进行天然气产业管理创新成果的构建，才有可能形成完整覆盖天然气产业管理创新成果体系的要素谱系，也才能真正通过梳理天然气产业管理要素谱系，明晰天然气产业管理创新成果传承的脉络，探索未来天然气产业管理创新成果发展的方向，为天然气产业管理创新工作提供基础与方向。

（二）继承性和发展性

天然气产业管理创新成果体系的发展不是一个形而上学主题在现实世界的必然历史发展，而是基于一系列天然气产业生产运行和知识生产的交互关系产物。因此，天然气产业管理要素谱系的梳理，既要立足于天然气产业管理创新成果从哪里来、已经发展到了哪个阶段，即哪个级序，从而真正理顺成果之间的层级关系。只有以继承性和发展性为前提，才能系统地建立学科传承的基本脉络和相关学科间的相互关系；还原天然气产业管理创新成果发展的历史轨迹，找出天然气产业管理创新成果发展的内在规律和演进方法；结合天然气产业管理创新的环境与发展现实，科学预测天然气产业管理创新成果发展的未来重点和突破方向。

（三）客观性和真实性

在家谱的编撰过程中，强调史料的真实性与来源的可靠性。对于天然气产业管理要素谱系构建而言，真实性与可靠性也同样重要，必须以时间为经度、空间为纬度、管理创新成果的创造轨迹为线索，进行客观梳理和级序建立。在此过程中，还应该结合天然气产业在不同发展时期不同环境对成果的影响性，比如，不同气藏资源禀赋、不同气藏勘探开发生命阶段的管理创新成果应当是有区别的，存在同源多点与多源同点；而处于初创期、成长期、成熟期和衰退期等不同周期的天然气产业管理创新成果也存在区别与各自特点，都需要尊重各自实际，真实客观地进行梳理与建构。

第三节 经营管理要素级序与收益分成基数设计

一、一级经营管理要素名称与收益分成基数

结合油气企业经营管理实际，一级经营管理要素按照投资管理、财务会计管理、市场管理、科技管理、人力资源管理、企业文化管理、党建管理七个维度设计。按照一级管理要素的功能价值大小，由天然气产业相关油气企业科技管理部门组织

业内生产经营管理专家和软科学研究专家，联合构建与赋权一级、二级、三级经营管理要素收益递进分成基数表，形成在一定时期内相对稳定的经营管理要素收益递进分成基数表。一级经营管理要素名称与收益分成基数建议见表3-1。

表3-1 一级经营管理要素名称与收益分成基数建议表

一级经营管理要素	投资管理	财务会计管理	市场管理	科技管理	人力资源管理	企业文化管理	党建管理
收益分成基数权重/%	20	13	17	15	15	10	10

二、二三级经营管理要素名称与收益分成基数

（一）投资管理的二级、三级管理要素

投资管理是天然气产业经营的重要业务，通过规范投资行为、提高资金使用效率效益、实现天然气产业可持续稳健发展的重要保障。结合天然气产业发展特征，投资管理包含对天然气勘探投资、天然气开发投资、地面建设项目、管道项目等领域的规划计划管理，关键环节是规划部署、项目审计审批（预审）、项目投资安排、项目竣工验收、项目统计与后评价。基于投资战略管理视角，投资管理包括：投资发展规划、投资模式与机制、投资核心管理业务、投资绩效评价、投资管理决策支持等，相应的二级、三级投资管理要素及分成基数见表3-2。

表 3-2 投资管理的二级、三级管理要素名称与收益分成基数建议表

二级管理要素		三级管理要素	
管理要素名称	分成基数/%	管理要素名称	分成基数/%
投资发展规划	25	中长期投资发展总体规划	40
		中长期投资发展业务规划	35
		中长期投资发展专项规划	25
投资模式与机制	20	投资管理模式结构优化	35
		投资计划业务内控制度建设	25
		投资管理创新机制	40
投资核心管理业务	30	年度投资计划管理	25
		投资造价定额管理	35
		投资计划风险管理	40
投资绩效评价	10	投资计划项目前期效益评价	35
		投资计划项目效益后评价	30
		投资计划项目综合绩效评价	35
投资管理决策支持	15	投资发展 SWOT 分析	35
		投资管理决策评估方法模型	35
		ERP 投资管理系统建设	30

（二）财务会计管理的二级、三级管理要素

财务会计是指通过对企业已经完成的资金运动全面系统的核算与监督等一系列会计程序，立足反映经济活动、控制经济活动、评价经营业绩、预测经营前景、提供经营决策等职能发挥，为企业经营管理提供有用的决策信息，提高企业经济效益与健康有序发展。天然气战略成本管理符合天然气产业发展战略需求，持续发挥财务会计主要职能，积极推进管理会计体系

建设。基于天然气战略成本管理视角,财务会计管理包括:发展成本规划、财务会计管理模式与机制、财务会计核心业务、财务会计绩效评价、财务会计管理决策支持等,相应的二级、三级财务会计管理要素及分成基数见表3-3。

表3-3 财务会计管理的二级、三级管理要素名称与收益分成基数建议表

二级管理要素		三级管理要素	
管理要素名称	分成基数/%	管理要素名称	分成基数/%
发展成本规划	25	勘探开发发展成本规划	40
		管网和储气库发展成本规划	30
		市场发展成本规划	30
财务会计管理模式与机制	20	发展成本管理模式比较分析	35
		财务会计内控制度建设	25
		发展成本管理创新机制	40
财务会计核心业务	30	年度成本计划管理	25
		发展成本预算与核算管理	35
		发展成本控制管理	40
财务会计绩效评价	10	项目成本效益评价	35
		产品价格管理绩效评价	30
		发展成本管理综合绩效评价	35
财务会计管理决策支持	15	财务会计发展SWOT分析	35
		发展成本管理决策评估方法模型	35
		ERP财务资产管理系统	30

（三）市场管理的二级、三级管理要素

市场管理是指在天然气产业发展市场环境中，利用天然气市场机制配置资源，开展市场定位、市场调研、市场开发、产品定价、营销策略等工作，有效地组织、运作和管理各项市场活动的过程。现代天然气市场体系是天然气产业实现规模效益的重要基础，要充分考虑供求关系协调发展问题，在常规和非常规天然气资源供应市场竞争中获得合理的天然气销售价格机制和规模化的用户，实现天然气开发产销一体化、技术经济一体化。基于天然气市场发展战略视角，市场管理包括市场发展规划、市场管理模式与机制、市场核心业务、市场绩效评价、市场管理决策支持等，相应的二级、三级市场管理要素及分成基数见表3-4。

表 3-4 市场管理的二级、三级管理要素名称与收益分成基数建议表

二级管理要素		三级管理要素	
管理要素名称	分成基数 /%	管理要素名称	分成基数 /%
市场发展规划	25	常规天然气市场发展规划	40
		非常规天然气市场发展规划	30
		化工产品市场合作开发规划	30
市场管理模式与机制	20	市场运销模式结构优化	35
		市场业务内控制度建设	25
		市场管理创新机制	40

续表

二级管理要素		三级管理要素	
管理要素名称	分成基数/%	管理要素名称	分成基数/%
市场核心业务	30	年度市场开发计划管理	35
		营销月度和年度计划	30
		市场营销与风险管理策略	35
市场绩效评价	10	市场用户开发绩效评价	35
		区域社会经济发展贡献评价	30
		市场发展综合绩效评价	35
市场管理决策支持	15	市场发展 SWOT 分析	35
		市场管理决策评估方法模型	35
		ERP 营销系统建设	30

（四）科技管理的二级、三级管理要素

创新是驱动天然气产业高质量发展的第一动力，也使得科技管理在推动天然气产业经营管理中具有重要作用。天然气产业创新战略涉及制度创新、资源接替机制创新、技术进步与创新、管理机制创新等方面，实现天然气产业管理机制创新的主要途径是要建立动力机制、约束机制和运行机制，三种机制有效运转，确保决策科学化、指挥高效化、效益最大化，使管理机制创新真正落到实处。基于创新战略视角，天然气产业科技管理包括科技发展规划、科技管理模式与机制、科技管理核心业务、科技管理绩效考核与激励、科技管理决策支持等，相应的二级、三级科技管理要素及分成基数见表 3-5。

表 3-5 科技管理的二级、三级管理要素名称与收益分成基数建议表

二级管理要素		三级管理要素	
管理要素名称	分成基数 /%	管理要素名称	分成基数 /%
科技发展规划	25	科学技术资源发展规划	40
		科技攻关项目发展规划	30
		科学技术有形化成果发展规划	30
科技管理模式与机制	20	科技创效管理模式结构优化	35
		科技业务内控制度建设	25
		科技创效管理创新机制	40
科技管理核心业务	30	科技项目与科技平台管理	30
		科技成果转化与推广应用	40
		科技成果知识产权管理	30
科技管理绩效考核与激励	10	科技研发机构绩效评价	30
		科技创新成果收益评价	35
		科技管理综合绩效评价	35
科技管理决策支持	15	科技管理智库建设	35
		科技管理决策评估方法模型	35
		ERP 科技管理系统建设	30

（五）人力资源管理的二级、三级管理要素

人才是天然气产业高质量创新发展的第一资源，人力资源管理是指运用现代管理方法，围绕天然气产业发展所需的各类人才需求、获取、开发培育、使用、激励等方面，开展的计划、组织、指挥、控制和协调等一系列活动。天然气产业人力资源战略是天然气产业相关油气企业为实现其战略目标而制定

的一系列有关人力与人才资源开发与管理的总体规划，是企业发展战略的重要组成部分。基于人力资源战略管理视角，天然气产业人力资源管理包括人力资源发展规划、人力资源管理模式与机制、人力资源管理核心业务、人力资源管理绩效评价、人力资源管理决策支持等，相应的二级、三级人力资源管理要素及分成基数见表3-6。

表3-6 人力资源管理的二级、三级管理要素名称与收益分成基数建议表

二级管理要素		三级管理要素	
管理要素名称	分成基数/%	管理要素名称	分成基数/%
人力资源发展规划	25	人力资源中长期规划	40
		组织人事工作规划计划	30
		高层次人才引进、培养与开发规划	30
人力资源管理模式与机制	20	人力资源管理模式结构优化	35
		人力资源业务内控制度建设	25
		人力资源管理创新机制	40
人力资源管理核心业务	30	人力资源需求与机构编制管理	40
		人力资源培训与开发	25
		人才引进、培养、开发与退出管理	35
人力资源管理绩效评价	10	全员绩效评价	35
		人力资源培训绩效评价	30
		人力资源管理综合绩效评价	35
人力资源管理决策支持	15	人力资源发展SWOT分析	35
		人力资源管理决策评估方法模型	35
		ERP人力资源管理系统建设	30

(六)企业文化管理的二级、三级管理要素

天然气产业文化是天然气产业发展中创造并形成的物质文化、精神文化、行为文化和制度文化的复合体。天然气产业整体视域下的企业文化战略,就是指在正确理解和把握天然气产业现有文化的基础上,结合天然气产业相关油气企业任务和总体战略,分析现有企业文化的差距,提出并建立符合天然气产业文化发展战略的相关油气企业文化的目标模式。因此,基于天然气产业文化战略管理视角,企业文化包括企业文化发展规划、企业文化管理模式与机制、企业文化管理核心业务、企业文化管理绩效评价、企业文化管理决策支持等,相应的二级、三级企业文化管理要素及分成基数见表3-7。

表3-7 企业文化管理的二级、三级管理要素名称与收益分成基数建议表

二级管理要素		三级管理要素	
管理要素名称	分成基数/%	管理要素名称	分成基数/%
企业文化发展规划	25	企业文化发展总体规划	40
		企业形象发展规划	25
		企业特色品牌建设规划	35
企业文化管理模式与机制	20	企业文化管理模式结构设计	35
		企业文化业务内控制度建设	25
		企业文化管理创新机制	40

续表

二级管理要素		三级管理要素	
管理要素名称	分成基数/%	管理要素名称	分成基数/%
企业文化管理核心业务	30	企业文化建设内容创新	40
		基层建设工作	30
		全员劳动竞赛与表彰	30
企业文化管理绩效评价	10	企业形象建设绩效评价	30
		企业特色品牌建设绩效评价	30
		企业文化建设综合绩效评价	40
企业文化管理决策支持	15	企业文化发展 SWOT 分析	35
		企业文化管理决策评估方法模型	35
		ERP 企业文化管理系统建设	30

（七）党建管理的二级、三级管理要素

党的建设包括三个方面的含义：一是研究党的建设理论科学；二是在马克思主义党的学说指导下所进行的党的建设实践活动；三是作为理论原则与实际行动两者中介的约法规章。党建管理是以全面提升党的建设工作水平为基点，通过对党务工作、党的政治建设、思想建设、组织建设、作风建设、纪律建设和制度建设等管理，推进天然气产业核心竞争力的不断提升。基于战略管理视角，天然气产业相关油气企业党建管理包括党建发展规划、党建管理模式与机制、党建管理核心业务、党建管理绩效评价、党建管理决策支持等，相应的二级、三级党建管理要素及分成基数见表 3-8。

表 3-8 党建管理的二级、三级管理要素名称与收益分成基数建议表

二级管理要素		三级管理要素	
管理要素名称	分成基数/%	管理要素名称	分成基数/%
党建发展规划	25	党建工作发展总体规划	40
		基层党建发展规划	30
		党风廉政建设发展规划	30
党建管理模式与机制	20	党建工作模式结构设计	35
		党建业务内控制度建设	25
		党建工作机制创新	40
党建管理核心业务	30	"四好领导班子"创建工作	25
		基层党建与培训工作	35
		党建监督管理	40
党建管理绩效评价	10	基层党建绩效评价	35
		党风廉政建设绩效评价	30
		党建工作综合绩效评价	35
党建管理决策支持	15	党建发展SWOT分析	35
		党建管理决策评估方法模型	35
		ERP党建管理系统建设	30

第四节 生产管理要素级序与收益分成基数设计

一、一级生产管理要素名称与收益分成基数

结合油气企业经营管理实际,一级生产管理要素按照勘探管理、开发管理、管道管理、储气库管理、工程技术管理、生产运行管理、物资管理、QHSE管理八个维度设计。按照一级生

产管理要素的功能价值大小,由天然气产业相关油气田科技管理部门组织业内生产经营管理专家和软科学研究专家,联合构建与赋权一级、二级、三级生产管理要素收益递进分成基数表,在一定时期内形成相对稳定的技术要素收益分成基数,见表3-9。

表3-9 一级生产管理要素名称与收益分成基数建议表

一级生产管理要素	勘探管理	开发管理	管道管理	储气库管理	工程技术管理	生产运行管理	物资管理	QHSE管理
收益分成基数权重/%	18	16	12	10	13	15	7	9

二、二三级生产管理要素名称与收益分成基数

(一)勘探管理的二级、三级管理要素

天然气勘探是发现天然气资源并确定气藏位置、深度、规模、品质等信息的过程,通常包含区域勘探、圈闭预探、地震勘探和气藏评价勘探四个阶段,地震勘探和钻井勘探贯穿于其中。天然气勘探重要业务领域是勘探部署、探井论证、地震、钻井、测井、录井、勘探投资、勘探研究、开发评价,关键环节是勘探计划、勘探部署、井位论证、技术设计、科研进展、工程配套、生产组织、资源矿业权。基于战略管理视角,天然气勘探管理包括勘探发展规划、勘探管理模式与机制、勘探管理核心业务、勘探管理绩效评价、勘探管理决策支持等,相应的二级、三级勘探管理要素及分成基数见表3-10。

表 3-10 勘探管理的二级、三级管理要素名称与收益分成基数建议表

二级管理要素		三级管理要素	
管理要素名称	分成基数 /%	管理要素名称	分成基数 /%
勘探发展规划	25	常规与非常规勘探中长期规划	40
		勘探年度部署方案制定	35
		勘探发展规划实施策略	25
勘探管理模式与机制	20	勘探管理模式分析	35
		勘探业务内控制度建设	25
		勘探管理创新机制	40
勘探管理核心业务	30	勘探矿权管理与储量管理	35
		井位部署管理	35
		勘探技术攻关与推广应用	30
勘探管理绩效评价	10	勘探储量价值评价	30
		天然气资源评价	30
		勘探工作综合绩效评价	40
勘探管理决策支持	15	勘探发展 SWOT 分析	35
		勘探管理决策评估方法模型	35
		勘探管理系统信息化建设	30

（二）开发会计管理的二级、三级管理要素

天然气开发业务包括开发钻井业务、气藏工程、采气工程、地面工程、天然气净化处理等。天然气开发重要业务领域是气田开发前期工作、开发井部署、钻完井、气田地面工程建设、天然气生产与输送，关键环节是开发方案、开发井钻完井、地面建设项目管理、天然气生产组织管理等。基于战

略管理视角,天然气开发管理包括开发规划、开发管理模式与机制、开发管理核心业务、开发管理绩效评价、开发管理决策支持等,相应的二级、三级开发管理要素及分成基数见表3–11。

表3–11 开发会计管理的二级、三级管理要素名称与收益分成基数建议表

二级管理要素		三级管理要素	
管理要素名称	分成基数 /%	管理要素名称	分成基数 /%
开发规划	25	开发中长期发展规划	40
		年度开发计划部署方案	30
		气田开发前期评价方案	30
开发管理模式与机制	20	开发管理模式分析	35
		开发业务内控制度建设	25
		开发管理创新机制	40
开发管理核心业务	30	开发项目管理	35
		地面建设项目管理	35
		开发技术攻关与推广应用	30
开发管理绩效评价	10	开发产能建设项目评价	30
		开发项目效益后评价	30
		开发工作综合绩效评价	40
开发管理决策支持	15	开发发展 SWOT 分析	35
		开发管理决策评估方法模型	35
		ERP 开发管理系统信息化建设	30

（三）管道管理的二级、三级管理要素

管道管理是通过监测、检测、检验等各种方式，识别并评价天然气管道运行中的风险因素，制定风险控制对策，减少和预防管道事故发生、经济合理地保证管道安全运行。天然气管道完整性管理是对所有影响管道完整性的因素进行综合的、一体化的管理，主要包括：拟定工作计划、工作流程和工作程序文件；进行风险分析和安全评价；定期进行管道完整性检测与评价；采取修复或减轻失效威胁的措施；培训人员，不断提高人员素质。基于供应安全战略视角，天然气管道管理包括管道发展规划、管道管理模式与机制、管道管理核心业务、管道管理绩效评价、管道管理决策支持等，相应的二级、三级管道管理要素及分成基数见表3-12。

表3-12 管道管理的二级、三级管理要素名称与收益分成基数建议表

二级管理要素		三级管理要素	
管理要素名称	分成基数/%	管理要素名称	分成基数/%
管道发展规划	25	管道中长期业务发展规划	40
		长输管道发展规划	30
		支线管网发展规划	30
管道管理模式与机制	20	管道管理模式分析	35
		管道业务内控制度建设	25
		管道管理创新机制	40

续表

二级管理要素		三级管理要素	
管理要素名称	分成基数 /%	管理要素名称	分成基数 /%
管道管理核心业务	30	管道建设与运维项目管理	35
		管道完整性管理	35
		管道技术攻关与推广应用	30
管道管理绩效评价	10	管道运行效能评价	30
		管道完整性建设绩效评价	30
		管道工作综合绩效评价	40
管道管理决策支持	15	管道发展 SWOT 分析	35
		管道管理决策评估方法模型	35
		管道管理系统信息化建设	30

（四）储气库管理的二级、三级管理要素

储气库是储存天然气的"容器"，地下储气库是将长输管道输送来的商品天然气重新注入地下空间而形成的一种人工气田或气藏。储气库管理包括储备建设方式、储备规模、储备运营管理机制、储备政策、储备资金筹资模式等。储气库建设在天然气工业发展过程中的作用重大，对于应对天然气供应中断、适应市场供需和价格波动、降低进口风险、保障国家安全具有重要意义。基于供应安全战略视角，储气库管理包括储气库发展规划、储气库管理模式与机制、储气库管理核心业务、储气库管理绩效评价、储气库管理决策支持等，相应的二级、三级储气库管理要素及分成基数见表3-13。

表 3-13 储气库管理的二级、三级管理要素名称与收益分成基数建议表

二级管理要素		三级管理要素	
管理要素名称	分成基数/%	管理要素名称	分成基数/%
储气库发展规划	25	储气库中长期业务发展规划	40
		储气库选址规划	30
		大型气田战略储备发展规划	30
储气库管理模式与机制	20	储气库管理体制机制分析	35
		储气库业务内控制度建设	25
		储气库管理创新机制	40
储气库管理核心业务	30	储气库项目管理	35
		储气库生产运行管理	35
		储气库技术攻关与推广应用	30
储气库管理绩效评价	10	储气库运营效能评价	30
		储气库建设项目后评价	30
		储气库管理综合绩效评价	40
储气库管理决策支持	15	储气库发展SWOT分析	35
		储气库管理决策评估方法模型	35
		储气库管理系统信息化建设	30

（五）工程技术管理的二级、三级管理要素

工程技术管理是对工程的全部技术活动进行的管理工作，基本任务是贯彻国家天然气技术政策、执行标准、规范和规章制度，明确划分天然气技术责任，保证工程质量，开发施工新技术，提出施工技术水平。因此，基于创新战略管理视角，天然气产业工程技术管理包括工程技术发展规划、工程技术管理模式与机制、工程技术管理核心业务、工程技术管理绩效评

价、工程技术管理决策支持等，相应的二级、三级基建工程管理要素及分成基数见表 3-14。

表 3-14 工程技术管理的二级、三级管理要素名称与收益分成基数建议表

二级管理要素		三级管理要素	
管理要素名称	分成基数 /%	管理要素名称	分成基数 /%
工程技术发展规划	25	工程技术发展总体规划	40
		钻井工程技术中长期规划	30
		工艺措施工程技术中长期规划	30
工程技术管理模式与机制	20	工程技术创新管理模式设计	35
		工程技术业务内控制度建设	25
		工程技术管理创新机制	40
工程技术管理核心业务	30	工程技术项目管理	35
		工程技术质量、标准和规范管理	30
		工程技术攻关与推广应用	35
工程技术管理绩效评价	10	工程技术成果转化与推广收益评价	35
		工程技术服务收益评价	30
		工程技术管理综合绩效评价	35
工程技术管理决策支持	15	工程技术发展 SWOT 分析	35
		工程技术管理决策评估方法模型	35
		工程技术管理系统信息化建设	30

（六）生产运行管理的二级、三级管理要素

生产运行管理是选择、设计、运行、控制和更新生产运行系统的管理活动的总和。天然气产业生产运行管理以生产运行系统总体为对象，实际上是对天然气产业生产运行系统的所

有要素和投入、生产运行过程、产出和反馈等所有环节的全方位综合管理。基于战略管理视角，天然气产业生产运行管理包括生产运行发展规划、生产运行管理模式与机制、生产运行管理核心业务、生产运行管理绩效评价、生产运行管理决策支持等，相应的二级、三级生产运行管理要素及分成基数见表3-15。

表3-15 生产运行管理的二级、三级管理要素名称与收益分成基数建议表

二级管理要素		三级管理要素	
管理要素名称	分成基数/%	管理要素名称	分成基数/%
生产运行发展规划	25	生产运行中长期发展总体规划	40
		产、运、销、储、贸平衡发展规划	35
		建设用地中长期发展规划	25
生产运行管理模式与机制	20	生产运行管控模式设计	35
		生产运行业务内控制度建设	25
		生产运行管理创新机制	40
生产运行管理核心业务	30	生产月度运行计划	35
		钻井运行动态管理	30
		跨业务部门生产经营运行业务协调	35
生产运行管理绩效评价	10	开发核心业务绩效评价	40
		开发管理规章制度执行评价	25
		开发工作营运和控制	35
生产运行管理决策支持	15	生产运行发展SWOT分析	35
		生产运行管理决策评估方法模型	35
		生产运行管理系统信息化建设	30

(七)物资管理的二级、三级管理要素

物资管理是在天然气产业生产运行过程中对所需物资招标、采购、仓储、供应使用等全过程进行计划、组织和控制的系列活动,通过形成环环相扣、协调有序的物资供应链,提高物资利用率、降低物资综合消耗,为天然气产业高质量发展提供物资保障。天然气产业物资管理主要管理内容。基于供应安全战略视角,天然气产业物资管理包括物资管理规划、物资管理模式与机制、物资管理核心业务、物资管理绩效评价等,相应的二级、三级基建工程管理要素及分成基数见表3-16。

表3-16 物资管理的二级、三级管理要素名称与收益分成基数建议表

二级管理要素		三级管理要素	
管理要素名称	分成基数/%	管理要素名称	分成基数/%
物资管理规划	25	物资业务发展中长期总体规划	40
		招采业务发展中长期规划	30
		仓储供应业务发展中长期规划	30
物资管理模式与机制	20	物资管理模式设计	35
		物资业务内控制度建设	25
		物资管理创新机制	40
物资管理核心业务	30	物资招标管理	35
		物资集中采购	35
		设备管理	30
物资管理绩效评价	10	招采购业务评价	35
		物资供应商评价	25
		物资管理综合绩效评价	40

续表

二级管理要素		三级管理要素	
管理要素名称	分成基数 /%	管理要素名称	分成基数 /%
物资管理决策支持	15	物资管理发展 SWOT 分析	35
		物资管理决策评估方法模型	35
		物资管理系统信息化建设	30

（八）QHSE 管理的二级、三级管理要素

QHSE 涵盖质量（Quality）、健康（Health）、安全（Safety）和环境（Environment），天然气产业 QHSE 管理包含对勘探、开发、输送、工程技术作业、地面工程建设实施、净化、终端销售及装置维护、交通运输、物业管理、承包商等方面的 QHSE 监督管理。基于可持续战略管理视角，天然气产业 QHSE 管理包括 QHSE 发展规划、QHSE 管理模式与机制、QHSE 管理核心业务、QHSE 管理绩效评价、QHSE 管理决策支持等，相应的二级、三级 QHSE 管理要素及分成基数见表 3-17。

表 3-17 QHSE 管理的二级、三级管理要素名称与收益分成基数建议表

二级管理要素		三级管理要素	
管理要素名称	分成基数 /%	管理要素名称	分成基数 /%
QHSE 发展规划	25	QHSE 业务发展状态规划	40
		安全生产与环境保护业务规划	30
		应急与抢险管理发展规划	30

续表

二级管理要素		三级管理要素	
管理要素名称	分成基数/%	管理要素名称	分成基数/%
QHSE管理模式与机制	20	QHSE管理体系优化	35
		QHSE业务内控制度建设	25
		QHSE管理创新机制	40
QHSE管理核心业务	30	QHSE项目管理	30
		井工程项目管理	30
		QHSE管理体系建设	40
QHSE管理绩效评价	10	井工程项目效益评价	30
		QHSE管理体系建设绩效评价	30
		QHSE管理综合绩效评价	40
QHSE管理决策支持	15	QHSE管理发展SWOT分析	35
		QHSE管理决策评估方法模型	35
		QHSE管理系统信息化建设	30

第四章

天然气产业管理创新成果价值评估模型

第一节 管理创新成果价值评估总体模型设计

一、模型构建依据

（一）政策依据

建立天然气产业管理创新成果价值评估模型是为适应我国完善要素分配体制机制政策的需要。按生产要素分配是我国分配制度的重要内容，自党的十五大报告中提出"按劳分配与按生产要素分配相结合，允许和鼓励资本、技术等生产要素参与分配"以来，党的十六大报告提出"确立劳动、资本、技术和管理等生产要素按贡献参与分配的原则"，党的十七大报告提出"健全劳动、资本、技术、管理等生产要素按贡献参与分配的制度"，党的十八大报告提出"完善劳动、资本、技术、管理等要素按贡献参与分配的初次分配机制"，党的十九大报告提出"坚持按劳分配原则，完善按要素分配的体制机制"。

第四章　天然气产业管理创新成果价值评估模型

2021年12月，国务院办公厅关于《要素市场化配置综合改革试点总体方案》（国办发〔2021〕51号）第二十八条明确提出，完善按要素分配机制，要提高劳动报酬在初次分配中的比重，强化工资收入分配的技能价值激励导向；构建充分体现知识、技术、管理等创新要素价值的收益分配机制。因此，构建管理创新成果收益递进分成评估方法，是完善按创新要素价值贡献的收益分配机制的重要环节。

新修订的《中华人民共和国科学技术进步法》自2022年1月1日起施行，在健全完善科技评价与创新激励机制方面提出了专项法规。第十四条提出，国家完善有利于创新的科学技术评价制度，以科技创新质量、贡献、绩效为导向，根据不同科学技术活动特点，实行分类评价；第二十三条提出，建立与基础研究相适应的评价体系和激励机制；第三十三条提出，国家实行以增加知识价值为导向的分配政策，按照国家有关规定推进知识产权归属和权益分配机制改革，探索赋予科学技术人员职务科技成果所有权或者长期使用权制度；第六十条提出，完善体现知识、技术等创新要素价值的收益分配机制，建立工资稳定增长机制，提高科学技术人员的工资水平，对有突出贡献的科学技术人员给予优厚待遇和荣誉激励。贯彻落实科技进步法相关法规，油气企业应当更加重视科技价值评估体系建设，构建创新要素价值贡献为导向的收益分配与激励机制，科学评价贡献、精准有效激励。

国务院办公厅关于《完善科技成果评价机制的指导意见》（国办发〔2021〕26号）提出全面准确评价科技成果的科学、

技术、经济、社会、文化价值，根据科技成果不同特点和评价目的，有针对性地评价科技成果的多元价值。科学价值重点评价在新发现、新原理、新方法方面的独创性贡献。技术价值重点评价重大技术发明，突出在解决产业关键共性技术问题、企业重大技术创新难题，特别是关键核心技术问题方面的成效。经济价值重点评价推广前景、预期效益、潜在风险等对经济和产业发展的影响。社会价值重点评价在解决人民健康、国防与公共安全、生态环境等重大瓶颈问题方面的成效。文化价值重点评价在倡导科学家精神、营造创新文化、弘扬社会主义核心价值观等方面的影响和贡献。

《科技成果评价试点暂行办法》指出，管理创新成果评价指标主要包括：创新程度，研究难度与复杂程度，科学价值与学术水平，对决策科学化和管理现代化的影响程度，取得的经济效益和社会效益，与国民经济、社会、科技发展战略的紧密程度。

《科技成果经济价值评估指南》（GB/T 39057—2020）提出，科技成果的经济价值是从科技成果的转化和应用中获得的经济利益的货币衡量。该标准提供了科技成果经济价值评估涉及的术语和定义、评估方法、评估机构等方面的指导；提供了科技成果经济价值评估的三种方法：收益法、市场法、成本法；明确了方法选择的考虑因素，恰当选择一种或多种评估方法。

2021年12月，中国石油《油气勘探开发科技成果效益评估操作指南》发布，为建立技术要素按价值贡献参与公司收益分配提供科学方法，也为加快推进天然气产业管理创新成果价值评估提供了参考依据。

（二）理论依据

油气科技活动紧密围绕勘探开发生产需求，多项科技成果与生产成果融于一体、单项科技成果价值贡献难以分离；同一科技成果应用于不同油气藏，产生价值不同，且存在贡献滞后性和作用年限模糊性，使油气科技成果价值评价工作实践性强、难度大。因此，油气科技价值分享理论应运而生。

油气科技价值分享是立足油气储量产量作为油气生产全要素（资本、劳动、技术、管理）在项目全生命周期（多阶段、多过程）中组合创新的成果和庞大油气技术体系协同作用的产物，建立基于要素分配和分享经济原理的油气科技创新创效与价值实现模式，通过收益递进分成和价值让渡定价等方法量化具体创新技术价值，实现技术要素按价值贡献合理分享油气生产收益。明确了分享比例与油气资源禀赋、项目生命周期和技术自身创效能力的影响程度以及科技要素投入产出对收益的影响机理，为油气技术作为一种重要的生产要素按价值贡献参与收益分配提供了科学依据，创新并发展了科技评估理论。

油气科技价值分享理论体系结构如图4-1所示。

油气科技价值分享理论的主要作用：一是揭示了必须按照油气科技全要素和全生命周期进行价值分享，扣除生产要素成本不能等同于剔除要素分享行为；有效促进了科技评估从技术要素剥离法到生产要素分配法，再到全生产要素分享法的理念转变；支撑了油气技术谱系构建，为收益递进分成法奠定基础工具；明确了常规技术与创新技术收益分享的关系，建立了创

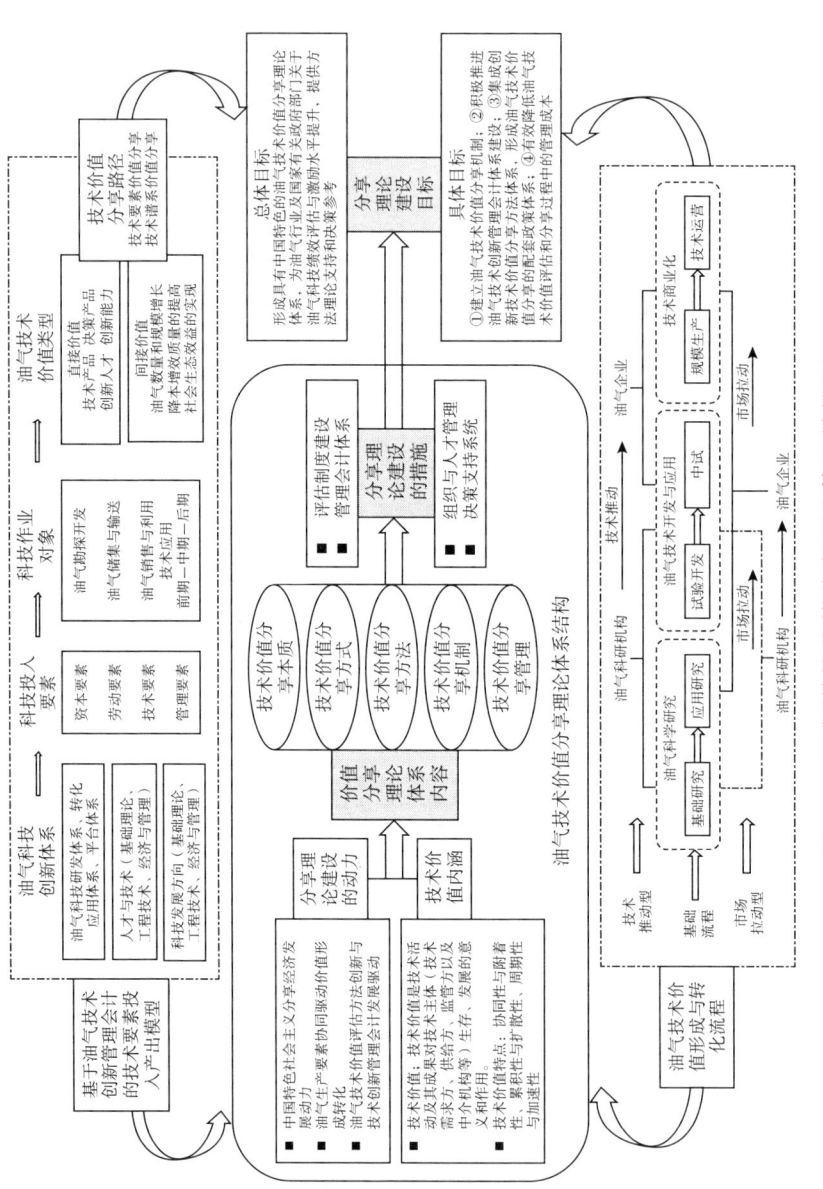

图 4—1 油气科技价值分享理论体系结构图

新强度指标模型；同时，指导了市场化条件下，技术创新产品让渡定价模型构建。二是该理论既对具有中国特色的油气科技价值分享理论体系形成，为油气行业及国家有关政府部门关于油气科技绩效评估与激励水平提升提供方法理论支持和决策参考，也对我国科技评估理论的丰富与发展具有重要作用。

（三）方法依据

立足油气科技价值分享理论形成的油气科技成果收益分成法，能够为天然气产业管理创新成果收益分成提供方法依据。油气科技成果收益分成法，是从油气生产要素（资本、管理、劳动、技术）中分割出总体技术要素收益分成基数，再依据油气技术体系的规范化级序结构逐级分割其他技术要素收益分成基数，以技术成果创新强度系数分割常规技术要素收益分成率，进而确定技术创新成果收益分成率和收益分成净值。

根据公式：科技创新成果经济价值＝项目总收益×（技术要素收益分成系数×递进分成系数×创新强度系数）。假设收益就是蛋糕，针对技术应用后可确认的项目总收益，根据要素分配和分享经济理论，通过三次"切蛋糕"，实现科技成果经济价值的逐次（递进）分成。第一刀（技术要素收益分成系数）是重点与难点，需要结合油气业务的特点，分勘探、开发等不同专业进行设计；第二刀（递进分成系数）需要构建技术谱系，建立油气企业一级、二级、三级技术级序及其分成系数的基础表格和数据库；第三刀（创新强度系数）与技术创新创效能力成正比，由技术创新程度、技术先进程度、技术成熟度等评价。油气科技创新成果收益递进分成概念模型如图4-2所示。

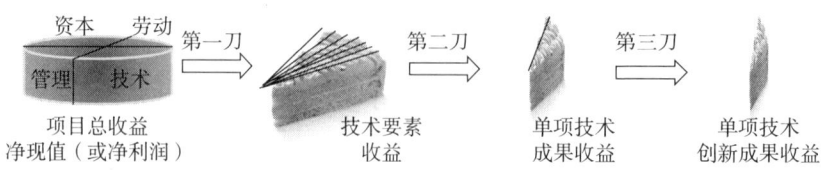

图 4-2 油气科技创新成果收益递进分成概念模型

二、总体模型结构

社会主义市场经济要求按照劳动、资本、技术和管理四要素进行初次分配，综合考虑要素分配理论和我国政策，考虑天然气产业资源开采的资金密集型、技术密集型等特征，立足资本、技术、管理、劳动四要素开展研究。对天然气产业而言，天然气储量产量是全生产要素协同作用的产物，管理要素作为其中重要的生产要素之一，应当按照油气科技价值分享的思路进行价值评价与分享。具体而言，天然气产业管理创新系统由发展要素投入与产出体系、企业软科学研发体系和软科学成果应用体系构成，系统的良性运转产生系列天然气产业管理创新成果，对这些成果的评价，根据《完善科技成果评价机制的指导意见》（国办发〔2021〕26号）等相关精神，应当涵盖成果科学价值、成果技术价值、成果经济价值、成果文化价值和成果社会价值五大价值，通过价值评估结果及其应用，实现管理创新要素按价值贡献参与收益分配、服务于管理创新创效精准激励奖励，从而不断促进天然气产业治理体系不断完善。基于此，构建天然气产业管理创新成果五元价值评估总体模型，如图 4-3 所示：

第四章　天然气产业管理创新成果价值评估模型

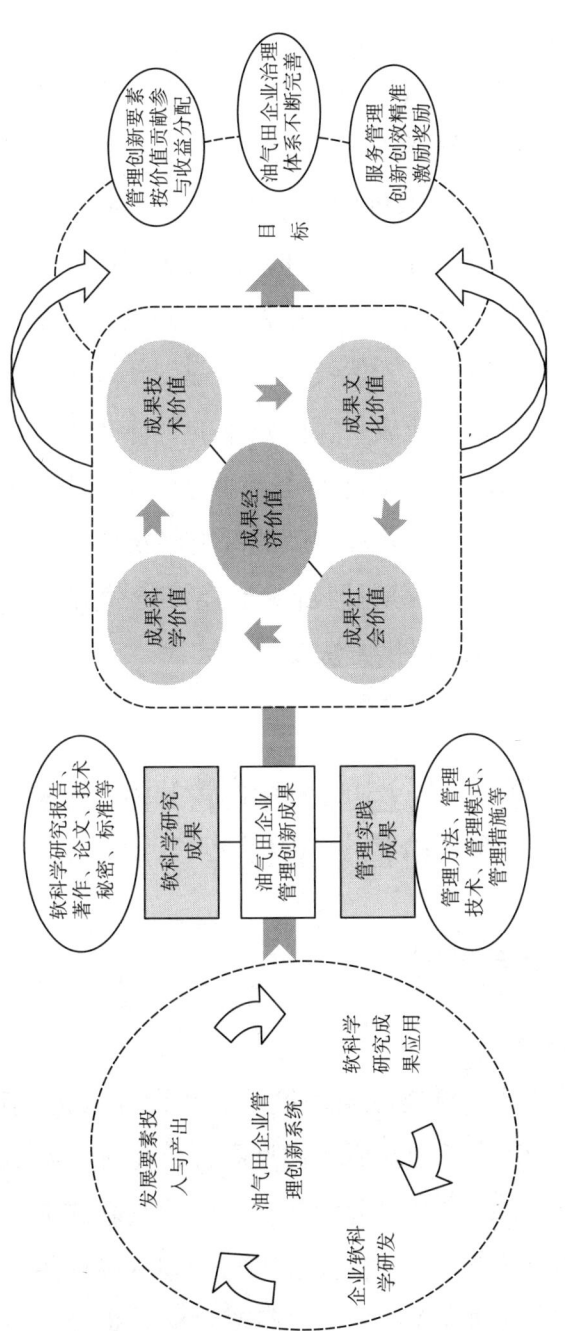

图 4-3　天然气产业管理创新成果价值评估总体模型

结合《科技成果经济价值评估指南》（GB/T 39057—2020）《科技成果评估规范》（TCASTEM 1003—2020）等相关标准规范，在天然气产业管理创新成果五元价值中，天然气产业管理创新成果的科学价值和技术价值通常可由发表的论文、著作、专利、标准等作为载体进行佐证和评判；天然气产业管理创新成果的社会价值和文化价值一般采用评分、评级、计量等定量评估方法和文字定性描述。天然气产业管理创新成果的经济价值则是天然气产业管理创新成果实际贡献的具体表现，需要明确财务数据的支持和评判，需要正确合理的计算方法、模型和参数。因此，以天然气产业管理创新成果的经济价值评估为重点，探索建立天然气产业管理创新成果经济价值评估方法模型，为管理要素价值分享提供方法支持。

第二节 基于收益递进分成的管理创新成果经济价值评估模型

一、基本思路与原则

（一）基本思路

一是遵循科技部《科技成果评价试点暂行办法》，结合天然气产业生产和经营管理创新成果类型和评价指标，对成果收益进行分类分级评价；二是从天然气产业管理创新成果应用的项目效益综合评价结论中，分析提取出与管理创新成果密切相关的收益（净现值或利润）；三是按照要素分配理论、价值分

第四章 天然气产业管理创新成果价值评估模型

享理论、国内外利润分享经验法、管理创新成果收益分成的主控因素，扣除资本、技术、劳动生产要素收益分成值，应用余值法获得管理要素收益分成值，作为管理要素的收益分成基准值，并根据管理要素类型、项目效益类型，考虑生产管理要素与经营管理要素收益分成基准值；四是根据天然气产业生产和经营管理创新成果创效机制和创效特点，结合实际成果，提取一级、二级、三级管理要素收益递进分成基数，以及管理成果创新强度系数。最后，按照收益递进分成法计算出天然气产业管理创新成果收益分成值。

（二）主要原则

天然气产业管理创新成果经济价值评估应当遵循的原则是：坚持天然气产业生产要素协同创造价值，要素收益分成主体地位平等；重视成果与收益贡献密切相关，兼顾要素收益分成相对公平合理；尊重管理创新成果级序与贡献差异，成果收益分成率大小与其分成基数和创新创效能力密切相关；力求成果收益分成评价方法规范、简单与可操作。

二、管理创新成果收益分成结构模型

借鉴油气科技成果收益递进分成法，依据要素分配原理和要素价值分享理论等，结合天然气产业管理创新成果实际，构建天然气产业管理创新成果收益递进分成法，可对天然气产业管理创新成果经济价值进行评估。

天然气产业管理创新成果收益递进分成，是以天然气产业管理创新成果应用产生的增量经济效益为对象，按照要素分配

原理和管理会计视角，采用管理创新成果收益分成率从项目收益净值中分割出管理创新成果收益，如图4-4所示。

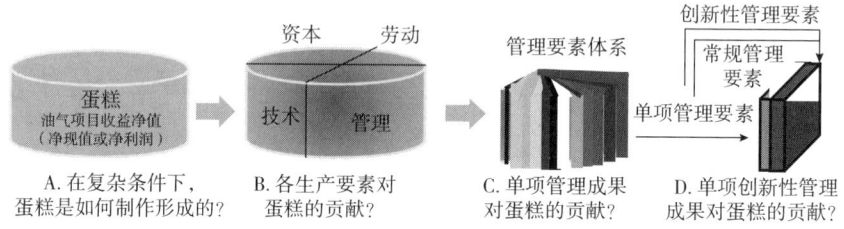

图4-4 天然气产业管理创新成果收益递进分成评估模型图

该模型中，最关键是确定三大分成率（经营与生产经营管理要素收益分成基数、管理要素收益递进分成基数、管理成果创新强度系数），结合项目收益，可以得到天然气产业管理创新成果收益净值，如图4-5所示。

通过划分天然气产业资本、劳动、技术要素收益分成率区间，应用余值法获取管理要素收益分成区间，确定管理要素收益分成率上限值。在管理要素收益分成区间内，考虑管理创新成果与项目市场化管理、智能化管理、管理变革管理等特征要素指标，确定管理要素收益分成基准值。依据软科学研究成果应用产生的效益类型，引入管理要素收益基准值调整系数予以修正，建立生产管理要素收益分成基准值和经营管理要素收益基准值。依据管理创新成果创新点所对应的一级、二级、三级管理要素级序，获取相应管理要素级序的递进分成基数。依据管理创新成果的创新指标，应用层次分析法确定其创新强度系数，依据管理创新成果收益分成率公式，计算出该创新成果净

第四章 天然气产业管理创新成果价值评估模型

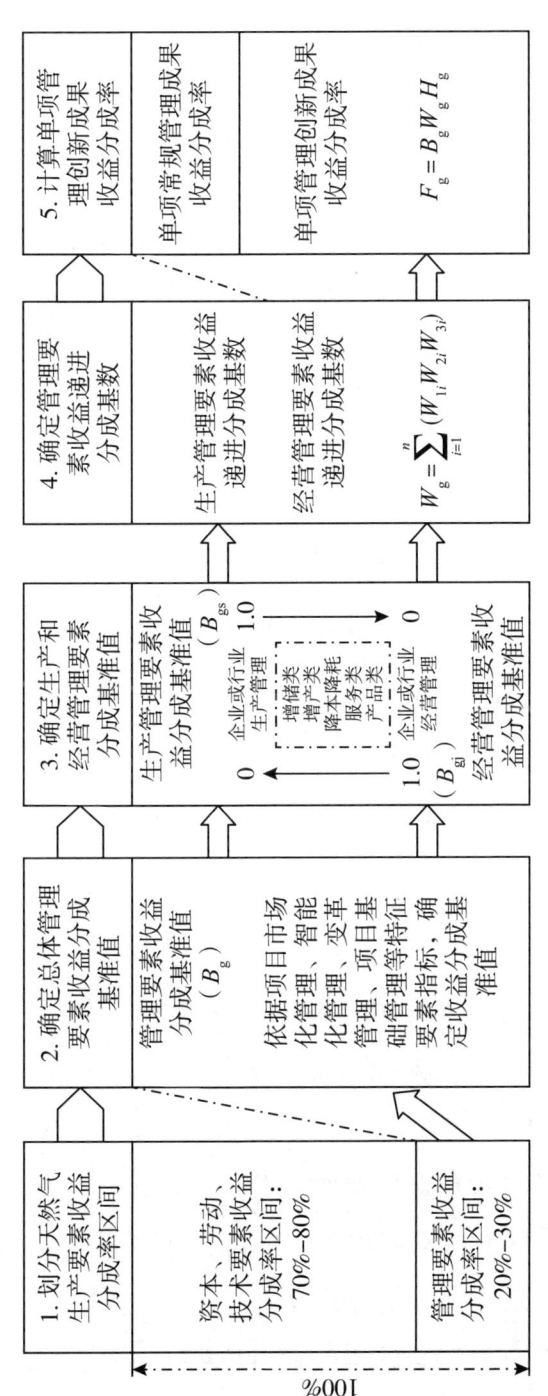

图 4-5 单项天然气产业管理创新成果收益分成率评估模型图

利润分成值。

三、管理创新成果收益分成计算模型

根据收益分成法和管理创新成果收益分成模型，单项管理创新成果收益净值等于项目收益净值与管理创新成果收益分成率之积。故：

$$M_g = E_g F_g = \sum_{i=1}^{n} E_{gi} F_g \qquad (4-1)$$

$$F_g = B_g W_g H_g \qquad (4-2)$$

$$W_g = \sum_{i=1}^{n} (W_{1i} W_{2i} W_{3i}) \qquad (4-3)$$

其中：

$$E_g = \sum_{i=1}^{n} E_{gi} \qquad (4-4)$$

$$F_g = F_{gs} + F_{gj} \qquad (4-5)$$

$$B_g = B_{gs} + B_{gj} \qquad (4-6)$$

$$W_g = W_{gs} + W_{gj} \qquad (4-7)$$

式中：

M_g——单项管理创新成果收益分成净值；

E_g——与管理创新密切相关的项目收益净值；

F_g——管理创新成果收益分成率；

F_{gs}——生产管理创新成果收益分成率；

F_{gj}——经营管理创新成果收益分成率；

B_g——管理要素收益分成基准值；

B_{gs}——生产管理要素收益分成基准值；

B_{gj}——经营管理要素收益分成基准值；

W_g——管理要素收益递进分成基数；

W_{gs}——生产管理要素递进分成基数；

W_{gj}——经营管理要素递进分成基数；

W_{1i}——一级管理要素收益分成基数；

W_{2i}——二级管理要素收益分成基数；

W_{3i}——三级管理要素收益分成基数；

H_g——管理成果创新强度系数。

若仅考虑总体生产管理或总体经营管理创新成果收益，不涉及管理要素递进分成基数，则：$W_g=W_{gs}=W_{gj}=1$。

第三节　管理创新成果收益递进分成评估参数

一、管理创新项目收益（E_g）

管理创新项目收益所指的是会计学上的收益概念，即天然气产业生产和经营管理创新项目涉及范围所获得的收益。例如，管理创新成果被省部级政府、行业产业、集团企业、油气企业等机构采纳应用，与成果应用密切相关的收益才可作为成果的主要收益，其收益类型与技术创新成果收益类型基本一致，如区块增储、增产、提质、降本、效率、效能等。

增储类：增储净现值 $= \sum ($现金流入量$-$现金流出量$)_i \times (1-$设定的折现率$)^{-i}$　　　　　　　　　　　　　　（4-8）

或者：增储净现值 $= \sum [$新增探明可采储量 $\times ($类比探明可采储量净现值 $\div$ 类比探明可采储量$)]$

增产类：增产净利润 $= \sum [$新老区增产产量 $\times ($单位天然气价格 $-$ 单位天然气成本 $-$ 单位天然气税费$)]$　（4-9）

新老区块增加产量 $=$ 实施新技术后天然气产量 $- [$实施新技术前天然气产量 $\times (1-$实施新技术前当年自然递减率$)]$
　　　　　　　　　　　　　　　　　　　　　　　　（4-10）

降本类：投资节约 $= \sum ($新技术实施前投资总额 $-$ 新技术实施后投资总额$)$　　　　　　　　　　　　　　（4-11）

运行成本降低 $= \sum ($新技术实施前运行成本 $-$ 新技术实施后运行成本$)$　　　　　　　　　　　　　　　　　（4-12）

技术服务类：净利润 $= \sum ($技术服务收入 $-$ 技术服务完全成本 $-$ 所得税$)$　　　　　　　　　　　　　（4-13）

新产品收益：净利润 $= \sum [$新产品销量 $\times ($新产品销售单价 $-$ 新产品单位完全成本$) -$ 所得税$]$　（4-14）

换代产品：增量净利润 $= \sum \{[$换代产品销量 $\times ($换代产品销售单价 $-$ 换代产品单位完全成本$) -$ 原产品销量 $\times ($原产品销售单价 $-$ 原产品单位完全成本$)] - ($换代产品的所得税 $-$ 原产品的所得税$)\}$　　　　　　　　　　　　　　　　（4-15）

替代产品：成本节约 $= \sum [$替代产品产量 $\times ($原产品购进单价 $-$ 替代产品单位成本$)]$　　　　　　（4-16）

二、管理要素收益分成基准值（B_{gs} 或 B_{gj}）

按照要素分配原则，应从资本、劳动、技术、管理生产要素中分离出管理要素的分成基准值。根据文献资料，不同行业资金、技术、管理要素的贡献分布有差异。资金密集型行业：50%、30%、20%；技术密集型行业：40%、40%、20%；高科技行业：30%、50%、20%。天然气产业属于资金密集和技术密集型采掘行业，因而管理要素分成基准值下限取为20%。天然气产业广义科技贡献率在70%以内（其中包含管理要素的贡献），天然气产业总体技术要素分成率在30%～50%。中国石油在科技成果效益分成评估中，对管理要素的分成率最大取值为30%。因此，管理要素分成基准值为20%～30%。根据管理创新成果应用领域的市场化管理、智能化管理、变革管理、基础管理等内容和程度不同，应酌情考虑管理要素收益分成基准值，见表4-1。

表4-1 管理要素收益分成基准值（B_g）建议表

项目	管理程度指标				
管理核心内容 市场化管理、智能化管理 变革管理、基础管理	较低	一般	较高	高	很高
管理要素收益分成基准值 B_g/%	20～22	23～24	25～26	27～28	29～30

天然气产业管理创新创效可能由总体生产管理要素或者总体经营管理要素创新创效,多数情况下由二者协同创新创效,其收益分成基准值与项目使用类型和管理要素类型,及其实际贡献大小密切相关,按照经营要素和生产管理要素重要性进行基准值权重分配,为确保收益分成基准值调整系数归一化,$\Psi_s+\Psi_j=1$,见表4-2。故:

生产管理要素收益分成基准值:

$$B_{gs}=B_g\Psi_s \tag{4-17}$$

经营管理要素收益分成基准值:

$$B_{gj}=B_g\Psi_j \tag{4-18}$$

式中:

Ψ_s——生产管理收益分成基准值调整系数;

Ψ_j——经营管理收益分成基准值调整系数。

表4-2 经营管理和生产管理要素收益分成基准值调整系数建议表

管理要素类型	总体生产管理要素创效	生产管理与经营管理协同创效					总体经营管理要素创效
		增储类	增产类	降本降耗类	技术服务类	新产品类	
生产管理收益分成基准值调整系数 Ψ_s/%	80~100	60~80	40~60	20~40			0~20
经营管理收益分成基准值调整系数 Ψ_j/%	0~20	20~40	40~60	60~80			80~100

三、管理要素收益递进分成基数（W_g）

根据天然气产业管理创新成果的层级结构实现从总体到单一成果逐级分成的关键参数。借鉴油气科技创新成果收益递进分成基数设计思路，管理要素收益递进分成基数 = 一级管理要素分成基数 × 二级管理要素分成基数 × 三级管理要素分成基数，如图4-6所示。

单项天然气产业管理创新成果存在复杂性和独占性两种类型。一是复杂性单项管理创新成果。其项目收益由多个一级管理要素和多级序管理要素协同作用，创效周期较长。例如，天然气增储管理创新成果属于复杂性管理创新成果，部分增产管理创新成果也表现出复杂性管理创新成果。二是独占性单项管理创新成果，其项目收益由单个一级管理要素及其所属次级序管理要素协同作用形成，创效周期较短。例如，大部分天然气非增储增产类管理创新成果属于独占性单项管理创新成果。另外，部分增产管理创新成果也表现出独占性。

天然气产业管理要素谱系构建是精细刻画管理创新成果体系间和成果级序的基本关系索引，是有效解决天然气产业管理创新成果效益剥离的管理工具。天然气产业生产管理与经营管理具体一级、二级、三级管理要素收益递进分成基数见表3-1至表3-22。

四、管理成果创新强度系数（H_g）

根据《科技成果评价试点暂行办法》，软科学研究成果评

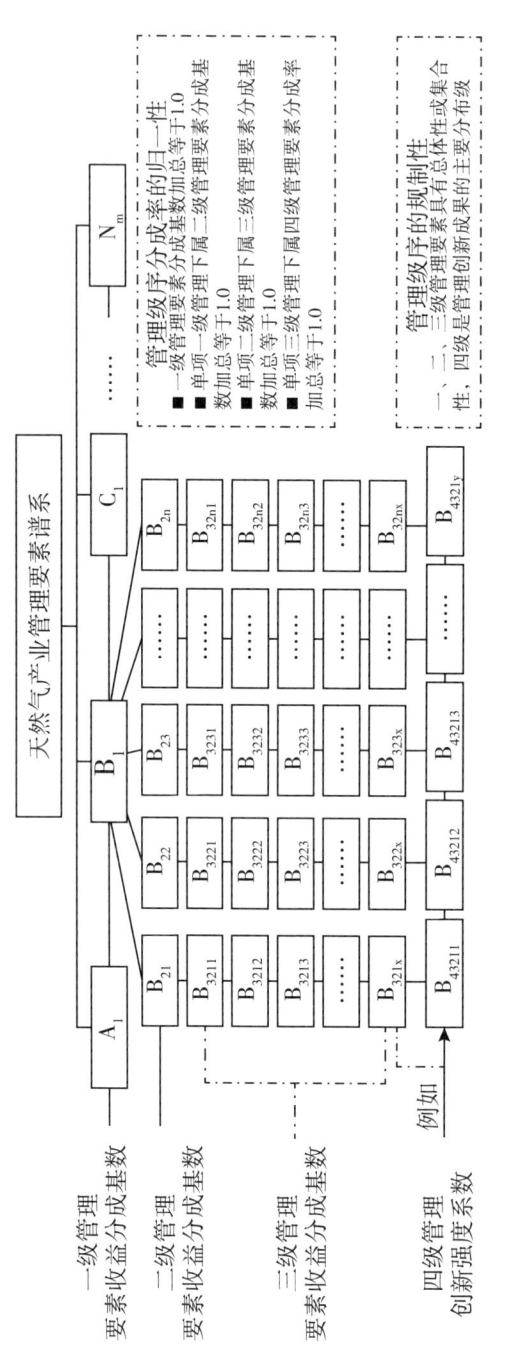

图 4-6 天然气产业管理要素谱系模型图

价指标主要包括创新程度、研究难度与复杂程度、科学价值与学术水平等。天然气产业管理成果的创新强度由成果创新程度、成果先进程度、成果成熟程度指标表征,由业内管理专家和软科学研究专家根据实际成果赋权(表4-3),然后按照层次分析法计算该成果创新强度系数H_g:

$$H_g = \sum_{j=1}^{3}(H_i H_{ij} \epsilon_{ij}) \quad (4-19)$$

式中:

H_i——一级指标,包括成果创新程度、成果先进程度、成果推广应用成熟程度;

H_{ij}——二级指标,包括解决决策科学技术难题的能力等;

ϵ_{ij}——三级指标,为Ⅰ、Ⅱ、Ⅲ、Ⅳ中的一个值;

$i=1, 2, 3$;

$j=1, 2, 3$。

表4-3 管理成果创新强度指标表

一级指标(H_i)	二级指标(H_{ij})	三级指标(ϵ_{ij})			
		Ⅰ($70\% \leq \epsilon_{ij} < 80\%$)	Ⅱ($60\% \leq \epsilon_{ij} < 70\%$)	Ⅲ($50\% \leq \epsilon_{ij} < 60\%$)	Ⅳ($\epsilon_{ij} < 50\%$)
H_1:成果创新程度(50%)	H_{11}:解决决策科学技术难题的能力(40%)	突破性问题	关键瓶颈问题	关键问题	较难问题
	H_{12}:理论观点和研究方法上的创新程度(35%)	有重大突破或有实质性创新	有明显突破或创新	有较大突破或创新	创新程度一般
	H_{13}:自主创新科学技术的比重(25%)	全部科学技术	主体科学技术	多项科学技术	单项科学技术

续表

一级指标（H_i）	二级指标（H_{ij}）	三级指标（ϵ_{ij}）			
		I（70%≤ϵ_{ij}<80%）	II（60%≤ϵ_{ij}<70%）	III（50%≤ϵ_{ij}<60%）	IV（ϵ_{ij}<50%）
H_2：成果先进程度（30%）	H_{21}：总体科学技术先进水平（40%）	国际领先	国际先进	国内领先	国内先进
	H_{22}：项目提出的观点、理论、方法的科学价值与学术水平（35%）	国际领先	国际先进	国内领先	国内先进
	H_{23}：研究难度与复杂程度（25%）	难度非常大、非常复杂	难度很大、很复杂	难度很大、很复杂	难度、复杂程度一般
H_3：成果推广应用成熟程度（20%）	H_{31}：决策实用性、适应性程度（40%）	国家部委	产业或集团公司	地方政府	地区公司
	H_{32}：对决策科学化和管理现代化的影响程度（35%）	影响和作用程度重大	影响和作用程度显著	影响和作用程度明显	影响和作用程度一般
	H_{33}：与国民经济、集团公司或行业发展相关需求的紧密程度（25%）	非常高	高	较高	一般

第四节 管理创新成果收益递进分成评估流程

天然气产业管理创新成果收益分成净现值评估流程：确定天然气产业管理要素收益分成区间值；确定总体管理要素收益

第四章 天然气产业管理创新成果价值评估模型

分成基准值；建立生产管理要素收益分成基准值和经营管理要素收益基准值；经营和生产管理要素收益递进分成基数；计算管理创新成果净利润分成值；计算结果反馈，合理则直接确认，不合理则重新核算图 4-7。

第一步，确定管理要素收益分成区间值。划分天然气产业资本、劳动、技术要素收益分成率区间，应用余值法获取管理要素收益分成区间，确定天然气产业管理要素收益分成率上限值。

第二步，确定总体管理要素收益分成基准值。在天然气产业管理要素收益分成区间内，考虑

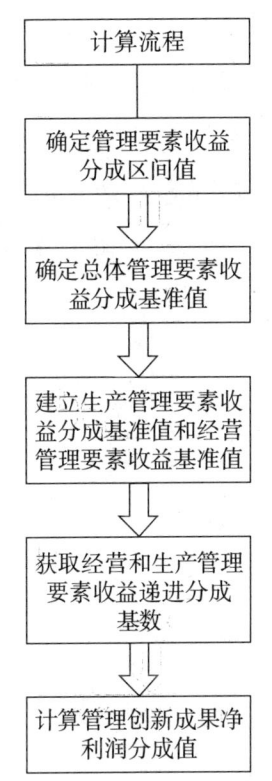

图 4-7 天然气产业管理创新成果收益分成净现值评估流程

管理创新成果与项目市场化管理、智能化管理、管理变革管理等特征要素指标，确定管理要素收益分成基准值。

第三步，依据软科学研究成果应用产生的效益类型，引入管理要素收益基准值调整系数予以修正，建立天然气产业生产管理要素收益分成基准值和天然气产业经营管理要素收益基准值。

第四步，获取天然气产业经营和生产管理要素收益递进分成基数。依据管理创新成果创新点所对应的一级、二级、三级

管理要素级序，获取相应管理要素级序的递进分成基数。

第五步，计算天然气产业管理创新成果净利润分成值。依据天然气产业管理创新成果的创新指标，应用层次分析法确定其创新强度系数，依据管理创新成果收益分成率公式，计算出该创新成果净利润分成值。

第五章

天然气产业管理创新成果经济价值评估实证

第一节 某区域页岩气钻井"日费制"+"精准激励"管理模式的构建与实施管理创新成果的经济价值评估

一、成果简介

为积极响应党的十九届四中全会提出的"持续提高国有企业治理体系和治理能力现代化水平"和油气行业低成本发展战略及成本倒逼科技创新和管理创新要求，某区域页岩气用"日费制"指标标定区块技术指标和经济指标，探索出一条适合某区域页岩气提质增效的新途径。具体创新体现在三个方面，一是为强化推进"油公司"模式，实现提质增效和人才培养，努力提升企业现代化治理能力，引进北美钻井优化系统提速理念，创新项目管理机制和生产组织方式，构建"日费制"+"精准激励"管理模式，实践"思想革命、效率革命、成本革命"，钻完井周期大幅降低、投资成本有效控制。用"日费制"指标标定区块技术指标和经济指标,探索出一条适合某区域页岩气提质增效的新途径。二是精雕细刻,成立"日费制"项目组,明确甲乙方职责,厘清工作界面,实现协同效应最大化。精耕细作,"三步走"试验创新作业模式,在投资最高、风险最大的井段试验"技术日费制"成功后,再在全井段开展"日费制"试验。精打细算,以降本增效为核心,对比"总承包""日费制"两种模式单井成本,正、反测算,严守"单井成本上限"及"单井 EUR 下限"两条底线,实现规模效益最大化。精准激励,完善考核奖惩机制,突出效益效率导向,提升员工创新创效活力。精益求精,创新开放式科技研发,甲方主导新工艺新技术,不断实现主体技术本土化。三是主导形成了"6543"系列管理成果,即表层清洁钻井、井漏防治、简易控压、水平井防卡、超长水平段钻完井、地质工程一体化导向六大关键技术;成本控制、人才培养、技术革新、优化资源、实现油公司意图五大目标;"参考定额 + 成本倒算"定价、成本写实及预警、市场优选、技术经济一体化决策四大经营管理机制;先进性、示范性和广谱性三大深层潜力。

二、管理创新成果收益分成参数计算

该管理创新成果主要应用于某区域页岩气,2018 年以来,215.9 毫米井眼"技术日费制"22 口井、"上部地层总包,下部地层日费制"1 口井,累计节约直接施工成本 3800 万元;全井段"日费制"7个平台16口井,已完井7口,标准井单井钻井成本从2650万元降至2265万元,预计开钻井可节约成本6160万元。2018年降本增效9960万元,实现净利润8964万元。

(一)收益分成基准值

通过"日费制"+"精准激励"实践,工程技术指标不断突破,"油公司"管理水平显著提升,经济效益明显,管理模式可借鉴、可复制,探索出某区域页岩气高质量效益开发的新模式。按照表4-4,收益分成基准值取29%。该成果主体是生产管理的部分管理要素,依据表4-5,生产管理B_{gs}=60%。

该成果为降本降耗类生产经营管理要素收益,生产管理要素收益分成基准值:$B_{gs}=B_g\Psi_s$=29%×60%=17.4%。

(二)管理成果创新强度系数

根据管理成果创新指标,参照表3-2,提取管理成果创新强度指标值,代入式(4-19):

$$H_g = \sum_{j=1}^{3}(H_i H_{ij} \epsilon_{ij}) = 34.5\% + 18.5\% + 15.5\% = 68.5\%$$

三、管理创新成果收益分成结果

根据公式(4-2):$F_g=B_g W_g H_g=B_{gs}W_{gs}H_{gs}$=17.4%×100%×68.5%=11.91%。

该管理要素主要应用于某区域页岩气,项目应用期财务净利润为8964万元,管理创新成果分成净利润为1067.61万元。

第二节　某致密气区块勘探开发管理创新成果的经济价值评估

一、成果简介

该致密气区块勘探开发管理创新成果的价值体现在以下方面。

一是集中勘探成效显著，实现规模增储。实现平面扩区、纵向拓层，新领域勘探有突破。

二是着力一体化推进，储量产量跨越式增长。超前谋划、精细部署，实现开发方案编制与储量提交同步、井位论证与开发方案编制同步、地面初设与开发方案编制同步。持续优化地质工程一体化实施方案，强化设备、人员、运行"三个保障"。提前进行工作量谋划，统筹"设计、物资、施工、验收"四大关键环节，保证施工全过程质量全面受控。完善管理界面、优化生产制度、开展隐患治理，确保生产安全平稳。加强物资采购管理，超前编制采购计划方案。

三是全业务链条提质增效。优化钻前工程、加强钻井系统管控，固化井工程经济技术模板设计，明确最优水平段段长、加砂强度，探索形成致密气地面建设标准化设计 1.0 版本，科学落实目标成本实现路径措施和评价考核。

第五章　天然气产业管理创新成果经济价值评估实证

四是着力严守红线底线，安全环保态势持续巩固。持续夯实 QHSE 管理体系建设。制定《安全环保管控能力提升方案》，修订完善安全生产责任清单和管理手册，持续开展年度体系内审，提升主责意识和履责自觉。开展环境保护专项检查，创新安全监管模式实现多元化"人防 + 技防"。建立"油公司"安全环保监督管理模式，联合专业监督机构组建 QHSE 监督站，对施工作业现场开展全覆盖监督检查。

五是实施"井工程推进 + 产能建设 + 受控管理 + 生产调度（合作区）"大运行管理模式。创新合作模式。深入推动"1+3"合作开发和 16 井区委托 CPECC 加工处理，推动上产速度，实现共赢互惠。有效探索项目制管理。建立"四位一体"组织架构，明确工作职责分工，完善制度流程，优化决策程序，规范管理权限，全面建成"机构扁平、人员精简、决策高效、市场开放、奖罚分明"致密气项目制管理模式。修订绩效考核配套制度两项，实施全员多维度考核测评，形成过程管理 + 年度考评 + 精准激励"三位一体"考核机制。

二、管理创新成果收益分成参数计算

（一）收益分成基准值

该管理创新成果主要应用于某致密气区块，2019—2021年实现天然气产量 4.1 亿立方米，凝析油 8204 吨，取得净利润为 9500 万元。该项目在全力增储上产，深化改革创新，维

护和谐安全，工作成绩斐然，收益分成基准值取 29%。该成果主体是生产管理的部分管理要素，生产管理 B_{gs}=85%，经营管理 B_{gj}=15%。

（二）管理要素收益分成基准值

致密气勘探开发管理创新成果涉及天然气上游业务链，模式机制以及绩效评价方面，一级管理要素涉及勘探、开发、管道、储备、市场、科技、文化、和谐（协调）、QHSE 等方面，二级管理要素主要涉及管理模式与机制、管理绩效评价方面，三级管理要素涉及管理创新机制、综合绩效评价方面。成果主体是生产管理，其次是经营管理。

生产管理要素收益分成基准值：$B_{gs}=B_g\Psi_s$=29%×85%=24.65%。

经营管理要素收益分成基准值：$B_{gj}=B_g\Psi_j$=29%×15%=4.35%。

（三）收益递进分成基数

1. 生产管理要素递进分成基数

根据表 5-1 成果创新点涉及相应的一级、二级、三级生产管理收益分成基数，计算递进分成基数：

生产管理要素递进分成基数：$W_{gs}=\Sigma[W_{1i}\Sigma(T_{2ij}\Sigma W_{3ijk})]$=42.50%。

表 5-1　一级、二级、三级生产管理收益分成基数表

一级要素（W_{1i}）		二级要素（T_{2ij}）		三级要素（W_{3ijk}）	
名称	分成基数/%	名称	分成基数/%	名称	分成基数/%
勘探	18	勘探发展规划	25	勘探发展规划实施策略、勘探年度部署方案制定	60
		勘探管理模式与机制	20	勘探管理创新机制、勘探管理模式分析	75
		勘探管理绩效评价	30	勘探矿权管理与储量管理、井位部署管理	70
开发	16	开发规划	25	气田开发前期评价方案、开发规划实施策略	60
		开发管理模式与机制	20	开发业务内控制度建设、开发管理创新机制	65
		开发管理核心业务	30	地面建设项目管理、开发技术攻关与推广应用	75
		开发管理决策支持	15	开发发展 SWOT 分析、开发管理决策评估方法模型	70
工程技术	13	工程技术发展规划	25	工程技术发展总体规划、钻井工程技术中长期规划	70
		工程技术管理模式与机制	20	工程技术业务内控制度建设、工程技术管理创新机制	60
		工程技术管理核心业务	30	工程技术项目管理、工程技术质量、标准和规范管理、工程技术攻关与推广应用	80

续表

一级要素 (W_{1i})		二级要素 (T_{2ij})		三级要素 (W_{3ijk})	
名称	分成基数 /%	名称	分成基数 /%	名称	分成基数 /%
生产运行	15	生产运行发展规划	25	发展规划等	80
		生产运行管理模式与机制	20	生产运行业务内控制度建设、生产运行管控模式设计	65
		生产运行管理核心业务	30	生产月度运行计划、钻井运行动态管理、生产经营运行业务协调	80
		生产运行管理决策支持	15	生产运行管理决策评估方法模型、生产运行管理系统信息化建设	65
物资管理	7	物资管理规划	25	采购、招标、仓储、供应规划	80
		物资管理模式与机制	20	物资业务内控制度建设、物资管理模式设计	80
		物资管理核心业务	30	物资招标管理、物资集中采购、设备管理	80
		物资管理决策支持	15	物资管理系统信息化建设、物资管理决策评估方法模型	65
QHSE	9	QHSE 管理模式与机制	20	QHSE 管理体系优化	35
		QHSE 管理绩效评价	30	QHSE 管理体系建设	40

2. 经营管理要素递进分成基数

根据表 5-2 成果创新点涉及相应的一级、二级、三级经营管理收益分成基数,计算递进分成基数:

经营管理要素递进分成基数:$W_{gj}=\Sigma[W_{1i}\times\Sigma(W_{2ij}\times\Sigma W_{3ijk})]=31.18\%$。

表 5-2 一级、二级、三级经营管理收益分成基数表

一级要素 (W_{1i})		二级要素 (W_{2ij})		三级要素 (W_{3ijk})	
名称	分成基数/%	名称	分成基数/%	名称	分成基数/%
投资	20	投资发展规划	25	发展总体规划、发展专项规划等	100
		投资核心管理业务	20	投资计划管理、造价定额管理、计划风险管理	80
		投资管理决策支持	15	投资发展 SWOT 分析、投资管理决策评估方法、ERP 投资管理系统建设	80
财务会计	13	财务会计核心业务	30	年度成本计划管理、发展成本预算与核算管理、发展成本控制管理	80
		财务会计管理模式与机制	20	发展成本管理创新机制、财务会计内控制度建设	65
市场	17	市场管理模式与机制	20	市场运销模式结构优化、市场业务内控制度建设、市场管理创新保障策略	80
科技	15	科技发展规划	25	科技攻关项目发展规划、科技技术资源发展规划	70
		科技管理核心业务	30	科技项目与科技平台管理、科技成果转化与推广应用、科技成果知识产权管理	80

续表

一级要素（W_{1i}）		二级要素（W_{2ij}）		三级要素（W_{3ijk}）	
名称	分成基数/%	名称	分成基数/%	名称	分成基数/%
人力资源	15	人力资源发展规划	25	组织人事工作规划计划、高层次人才引进、培养与开发规划	60
		人力资源管理核心业务	30	人力资源需求与机构编制管理、人才引进、培养、开发与退出管理	75
		人力资源管理绩效评价	10	全员绩效评价、人力资源培训绩效评价、人力资源管理综合绩效评价	80

（四）管理成果创新强度系数

根据管理成果创新指标，提取管理成果创新强度指标值，代入 $H_g = \sum_{j=1}^{3}[H_i \times \Sigma(H_{ij} \times \epsilon_{ij})] = 35.5\% + 25.5\% + 15.35\% = 76.35\%$。

根据公式，$F_g = B_g W_g H_g = 24.65\% \times 42.50\% \times 76.35\% + 31.18\% \times 23.67\% \times 76.35\% = 13.63\%$。

三、管理创新成果收益分成结果

该管理要素主要应用于某致密气区块，项目应用期财务净利润为9500万元，$M_g = E_{gi} F_g = 9500 \times 13.63\% = 1295$ 万元。因此，该成果净利润分成为1295万元。

第三节 "天然气产业绿色低碳发展研究与实践"成果的经济价值评估

一、成果简介

软科学研究项目成果"天然气产业绿色低碳发展研究与实践"对天然气产业绿色低碳发展涉及的总体模式、主要机制及途径策略等一系列重大问题进行系统研究，成果对加快我国天然气产业绿色低碳、持续健康发展具有积极的指导和应用价值。该研究成果有六个方面的创新点：基于可持续发展的天然气产业绿色低碳发展总体模式、基于战略绩效耦合的以低碳发展为导向的天然气产业协调发展机制、基于战略规划的保障清洁能源安全供应的天然气工业基地创建机制、面向绿色发展的天然气产业绿色科技创新机制、基于环境适应的天然气产业文化培育和管理机制、基于可持续发展的天然气产业绿色低碳的绩效评价机制。

该成果推进川渝天然气产业绿色低碳发展，油气企业经济效益显著，对区域能源消费低碳转型、经济社会生态发展发挥积极作用。成果在国家部委、地方政府、集团公司和地区公司均得到采纳应用。

该研究成果总体处于国内同类研究领先水平。该成果六项科研项目均获得局级一、二等奖，发表论文23篇，相关专著三部。

二、管理创新成果收益分成参数计算

该管理创新成果主要应用于西南地区天然气产业，取得收益为Q亿元。

（一）收益分成基准值

该项目市场化管理、智能化管理、变革管理、基础管理等要素收益较高，收益分成基准值取26%。"天然气产业绿色低碳发展研究与实践"成果涉及天然气上中下游业务链，模式机制以及绩效评价方面，一级管理要素涉及勘探、开发、管道、储备、市场、科技、文化、和谐（协调）、QHSE等方面，二级管理要素主要涉及管理模式与机制、管理绩效评价方面，三级管理要素涉及管理创新机制、综合绩效评价方面。成果主体是经营管理，其次是生产管理，故经营管理分成基数为80%，生产管理分成基数为20%。

根据公式（4-16），生产管理要素收益分成基准值：$B_{gs}=B_g\Psi_s=26\%\times20\%=5.2\%$。

根据公式（4-17），经营管理要素收益分成基准值：$B_{gj}=B_g\Psi_j=26\%\times80\%=20.8\%$。

（二）收益递进分成基数

根据成果创新点涉及相应的一级、二级、三级生产和经营管理收益分成基数，从表5-3和表5-4中提取收益分成基数值，代入式（4-3）。

生产管理要素递进分成基数：$W_{gs}=\sum_{i=1}^{n}(W_{1i}W_{2i}W_{3i})=$

第五章 天然气产业管理创新成果经济价值评估实证

18%×（20%×40%+10%×40%）+16%×（20%×40%+10%×40%）+10%×（20%×40%+10%×40%）+10%×（20%×40%+10%×40%）+9%×（20%×40%+10%×40%）=7.8%。

经营管理要素递进分成基数：$W_{gj}=\sum_{i=1}^{n}(W_{1i}W_{2i}W_{3i})=$ 17%×（20%×40%+10%×35%）+15%×（20%×40%+10%×35%）+10%×（20%×40%+10%×35%）=4.85%。

表5-3 一级、二级、三级生产管理收益分成基数表

一级要素（W_{1i}）		二级要素（W_{2ij}）		三级要素（W_{3ijk}）		备注
名称	分成基数/%	名称	分成基数/%	名称	分成基数/%	创新点
勘探	18	勘探管理模式与机制	20	勘探管理创新机制	40	产业绿色低碳发展总体模式和工业基地创建机制
		勘探管理绩效评价	10	勘探综合绩效评价	40	
开发	16	开发管理模式与机制	20	开发管理创新机制	40	
		开发管理绩效评价	10	开发工作综合绩效评价	40	
管道	12	管道管理模式与机制	20	管道管理创新机制	40	
		管道管理绩效评价	10	管道工作综合绩效评价	40	
储气库	10	储气库管理模式与机制	20	储气库管理创新机制	40	
		储气库管理绩效评价	10	储气库管理综合绩效评价	40	

续表

一级要素（W_{1i}）		二级要素（W_{2ij}）		三级要素（W_{3ijk}）		备注
名称	分成基数/%	名称	分成基数/%	名称	分成基数/%	创新点
QHSE	9	QHSE管理模式与机制	20	QHSE管理创新机制	40	绿色低碳发展机制
		QHSE管理绩效评价	10	QHSE管理综合绩效评价	40	

表5-4 一级、二级、三级经营管理收益分成基数表

一级要素（W_{1i}）		二级要素（W_{2ij}）		三级要素（W_{3ijk}）		备注
名称	分成基数/%	名称	分成基数/%	名称	分成基数/%	创新点
市场	17	市场管理模式与机制	20	市场管理创新机制	40	产业绿色低碳发展模式和工业基地创建机制
		市场绩效评价	10	市场发展综合绩效评价	35	
科技	15	科技管理模式与机制	20	科技创效管理创新机制	40	绿色科技创新机制
		科技管理绩效考核与激励	10	科技管理综合绩效评价	35	
文化	10	文化管理模式与机制	20	文化创效管理创新机制	40	文化培育和管理机制
		文化管理绩效考核与激励	10	文化管理综合绩效评价	35	

（三）管理成果创新强度系数

根据管理成果创新指标，参照表3-2，提取管理成果创新

强度指标值，代入式（4-19）计算：

$$H_g = \sum_{j=1}^{3}(H_i H_{ij} \epsilon_{ij}) = 32.5\% + 16.5\% + 12.35\% = 61.35\%$$

三、管理创新成果收益分成结果

根据公式（4-2）：$F_g = B_g W_g H_g = B_{gs} W_{gs} H_{gs} + B_{gj} W_{gj} H_{gj} = 5.2\% \times 7.8\% \times 61.35\% + 20.8\% \times 4.83\% \times 61.35\% = 0.865\%$。

该管理要素主要应用于西南地区天然气产业，项目应用期财务净现值为 Q 亿元，根据公式（4-1）：$M_g = \sum_{i=1}^{n} E_{gi} F_g = 0.865 \times 10^{-2}$ Q 亿元。因此，该成果净利润分成为 0.865×10^{-2} Q 亿元。

第四节 "市场化改革下的天然气市场环境与营销策略"成果的经济价值评估

一、成果简介

软科学研究项目"市场化改革下的天然气市场环境与营销策略"，在天然气行业市场化改革持续推进，对天然气产业发展环境产生了重大影响，价格逐渐放开、运输销售面临分离风险、同业竞争进一步加剧，天然气产业发展环境也因此发生巨大变化，面临市场化改革背景下发展环境研判、需求预测、销售定价、市场策略制定等难题。以助推天然气产业适应市场化改革，及时响应不同情境下的市场环境变化，推广天然气综合利用，形成三项核心成果。

一是建立了适应市场化改革与气田一体化发展的天然气市场环境分析技术。综合应用SWOT、PEST等工具，结合天然气市场特点，建立了适应市场化改革与气田一体化发展的天然气市场环境分析技术。应用该技术研判了天然气产业市场发展环境，解决了天然气产业在市场化改革背景下及时准确研判市场发展环境的问题。

二是创新性提出了分类客户动态价格承受能力分析技术。形成动态价格承受能力测算技术，测算了分类用户价格承受能力。该技术包含动态价格承受能力测算模型及相关的测算依据、测算方法、测算思路、测算参数选取、参数取值与调整，通过测算以天然气为原料的客户动态价格承受能力，解决了市场化改革背景下天然气销售价格动态调整的问题，使天然气产业能够按照市场形势变化及时动态调整部分用户销售价格，支撑了市场化改革背景下天然气销售定价的制度设计与定价实践，有效协调了政府、公司、客户三方的利益诉求。

三是提出了分情景多维度下灵活施策的市场策略矩阵。将市场化发展模式应用于天然气市场发展实践中，形成了经过实践检验的适应市场化改革的市场策略体系与策略库，支撑天然气营销、市场开发业务，有效应对市场竞争，支撑终端业务发展，解决了不同市场背景下对天然气市场精准施策的问题。

研究成果出版专著一部,发表论文八篇,其中核心期刊两篇。

二、管理创新成果收益分成参数计算

该管理创新成果主要应用于某气田天然气营销领域,年度取得净利润收益为 12 亿元。

(一)收益分成基准值

"市场化改革下的天然气市场环境与营销策略"项目成果涉及市场管理要素,通过天然气市场环境发展技术、动态价格承受能力分析技术、市场策略分析技术等,助推适应市场化改革,及时响应不同情境下的市场环境变化,推广天然气综合利用。按照表 4-4,收益分成基准值取 27%。该成果主体是经营管理的部分管理要素,经营管理分成基数为 80%。

根据公式(4-17),经营管理要素收益分成基准值:$B_{gj}=B_g\Psi_j=27\% \times 80\%=21.6\%$

(二)收益递进分成基数

根据成果创新点涉及相应的一级、二级、三级生产和经营管理收益分成基数,从表 5-5 和表 5-6 中提取收益分成基数值,代入公式(4-3)。

经营管理要素递进分成基数:$W_{gi}= \sum_{i=1}^{n}(W_{1i}W_{2i}W_{3i})=17\% \times$ ($25\% \times 100\%+20\% \times 100\%+30\% \times 100\%+15\% \times 100\%$)$=15.3\%$。

表 5-5 一级经营管理要素名称与收益分成基数建议表

一级经营管理要素	投资管理	财务会计管理	市场管理	科技管理	人力资源管理	企业文化管理	党建管理
收益分成基数权重 /%	20	13	17	15	15	10	10

表 5-6 市场管理的二级、三级管理要素名称与收益分成基数建议表

二级管理要素		三级管理要素	
管理要素名称	分成基数 /%	管理要素名称	分成基数 /%
市场发展规划	25	常规天然气市场发展规划	40
		非常规天然气市场发展规划	30
		化工产品市场合作开发规划	30
市场管理模式与机制	20	市场运销模式结构优化	35
		市场业务内控制度建设	25
		市场管理创新机制	40
市场核心业务	30	年度市场开发计划管理	35
		营销月度和年度计划	30
		市场营销与风险管理策略	35
市场绩效评价	10	市场用户开发绩效评价	35
		区域社会经济发展贡献评价	30
		市场发展综合绩效评价	35
市场管理决策支持	15	市场发展 SWOT 分析	35
		市场管理决策评估方法模型	35
		ERP 营销系统建设	30

（三）管理成果创新强度系数

根据管理成果创新指标，参照表5-7，提取管理成果创新强度指标值，代入式（4-19）计算：

$$H_g= \sum_{j=1}^{3} (H_i H_{ij} \epsilon_{ij}) =30.88\%+15.6\%+13\%=59.48\%。$$

表5-7 管理成果创新强度指标表

一级指标（H_i）	二级指标（H_{ij}）	三级指标（ϵ_{ij}）			
		Ⅰ（70%≤ϵ_{ij}<80%）	Ⅱ（60%≤ϵ_{ij}<70%）	Ⅲ（50%≤ϵ_{ij}<60%）	Ⅳ（ϵ_{ij}<50%）
H_1：成果创新程度（50%）	H_{11}：解决决策科学技术难题的能力（40%）		60%		
H_1：成果创新程度（50%）	H_{12}：理论观点和研究方法上的创新程度（35%）		65%		
H_1：成果创新程度（50%）	H_{13}：自主创新科学技术的比重（25%）		60%		
H_2：成果先进程度（30%）	H_{21}：总体科学技术先进水平（40%）			55%	
H_2：成果先进程度（30%）	H_{22}：项目提出的观点、理论、方法的科学价值与学术水平（35%）			50%	
H_2：成果先进程度（30%）	H_{23}：研究难度与复杂程度（25%）			50%	

续表

一级指标（H_i）	二级指标（H_{ij}）	三级指标（ϵ_{ij}）			
		I（$70\% \leq \epsilon_{ij} < 80\%$）	II（$60\% \leq \epsilon_{ij} < 70\%$）	III（$50\% \leq \epsilon_{ij} < 60\%$）	IV（$\epsilon_{ij} < 50\%$）
H_3：成果推广应用成熟程度（20%）	H_{31}：决策实用性、适应性程度（40%）		65%		
	H_{32}：对决策科学化和管理现代化的影响程度（35%）		65%		
	H_{33}：与国民经济、集团公司或行业发展相关需求的紧密程度（25%）		65%		

三、管理创新成果收益分成结果

根据公式（4-2）：$F_g = B_g W_g H_g = B_{gs} W_{gs} H_{gs} = 21.6\% \times 15.3\% \times 59.48\% = 1.97\%$。

该管理创新成果主要应用于某气田天然气营销领域，年度取得净利润收益为12亿元。根据公式（4-1），$M_g = \sum_{i=1}^{n} E_{gi} F_g = 120000 \times 1.97\% = 2364$万元。因此，该成果净利润分成为2364万元。

第五节 "天然气战略规划风险决策量化分析关键技术与应用"成果的经济价值评估

一、成果简介

软科学研究项目"天然气战略规划风险决策量化分析关键技术与应用",本项目设立了战略规划风险量化评价模型及流程、风险决策敏感性分析方法、基于峰值模型的产量风险量化方法研究三大攻关方向,填补关键理论技术空白,实现了天然气战略规划风险决策量化分析关键技术从无到有、从定性到定量、从研究到应用的突破。

一是战略规划风险量化评价模型及流程研究。针对国内油气企业尚未形成适用于战略规划决策的风险量化分析技术的问题,创新构建了涵盖风险因素定量化描述、规划目标概率模拟和规划目标风险决策矩阵的高效量化分析流程,应用于"十四五"及中长期规划编制中,直接支撑了"十五五"战略目标的制定,明确了"十四五"上产的主要风险点和风险区,并据此持续优化产量构成方案,增加了实现预期目标的可靠度,助推战略决策水平的整体提升。

二是基于蒙特卡洛—模糊综合评价的风险决策敏感性评价方法研究。常规的风险敏感性分析方法以单因素、二维模型为主。本研究通过构建产量模拟目标函数,采用模糊综合评价法分析不同产量风险因素对产量影响的权重,创建了多因素约束条件下的不同概率区间三维风险量化决策模型,首次实现了多种风险因素对产量目标影响程度定量化多维度展示,可直观判断实现概率,支撑气区天然气开发过程中的风险预警与最优决策,实现风险量化评价方法水平的重大提升。

三是基于峰值模型的产量风险量化分析方法研究。针对尚处于开发初期或上产阶段气区,常出现预测难度大、风险无法量化预判等问题。将峰值预测与蒙特卡洛模拟有机耦合联动,通过对不同阶段 URR-Q 的 MC 模拟,计算得到分年产量实现概率;将概率曲线与风险等级矩阵叠置,评判目标气藏风险等级。形成了关键因素约束的储—产耦合产量目标风险量化评价技术,实现了气藏从规模预测到风险量化评价的全过程研究,构建了完整的天然气战略规划风险决策量化体系。

该项目形成的技术成果总体达到了国内、国际先进水平,目前已受理与技术成果强相关的发明专利两件,登记软件著作权一项,发表学术论文 13 篇(其中 SCI 收录五篇)。

二、管理创新成果收益分成参数计算

(一)收益分成基准值

"天然气战略规划风险决策量化分析关键技术与应用"管理创新成果主要应用于某气田天然气产业发展规划领域,三年间气田取得净利润收益为 25 亿元。成果在战略规划风险量化评价模型及流程、风险决策敏感性分析方法、基于峰值模型的产量风险量化方法等方面有所突破,收益分成基准值取 29%。该成果主体是生产管理的部分管理要素,生产管理 B_{gs}=40%,

经营管理 B_{gj}=60%。

（二）管理要素收益分成基准值

该管理创新成果涉及天然气上游业务链，生产管理方面涉及开发管理，经营管理方面涉及投资管理。

生产管理要素收益分成基准值：$B_{gs}=B_g\Psi_s$=29%×40%=11.6%。

经营管理要素收益分成基准值：$B_{gj}=B_g\Psi_j$=29%×60%=17.4%。

（三）收益递进分成基数

1. 生产管理要素递进分成基数

根据成果创新点涉及相应的一级、二级、三级生产管理收益分成基数，从表5-8和表5-9中提取分成基数值，计算递进分成基数：

生产管理要素递进分成基数：$W_{gs}=\sum[W_{1i}\sum(T_{2ij}\sum W_{3ijk})]$=16%×15%×（35%+35%）=1.68%

表5-8 一级生产管理要素名称与收益分成基数建议表

一级生产管理要素	勘探管理	开发管理	管道管理	储气库管理	工程技术管理	生产运行管理	物资管理	QHSE管理
收益分成基数权重/%	18	16	12	10	13	15	7	9

表 5-9 开发管理的二级、三级管理要素名称与收益分成基数建议表

二级管理要素		三级管理要素	
管理要素名称	分成基数/%	管理要素名称	分成基数/%
开发规划	25	开发中长期发展规划	40
		年度开发计划部署方案	30
		气田开发前期评价方案	30
开发管理模式与机制	20	开发管理模式分析	35
		开发业务内控制度建设	25
		开发管理创新机制	40
开发管理核心业务	30	开发项目管理	35
		地面建设项目管理	35
		开发技术攻关与推广应用	30
开发管理绩效评价	10	开发项目效益评价	30
		开发项目效益后评价	30
		开发工作综合绩效评价	40
开发管理决策支持	15	开发发展 SWOT 分析	35
		开发管理决策评估方法模型	35
		ERP 开发管理系统信息化建设	30

2. 经营管理要素递进分成基数

根据成果创新点涉及相应的一级、二级、三级经营管理收益分成基数，从表 5-10 和表 5-11 中提取收益分成基数值，计算递进分成基数：

经营管理要素递进分成基数：$W_{gj} = \sum_{i=1}^{n} [W_{1i} \times \Sigma (W_{2ij} \times \Sigma W_{3ijk})] = 20\% \times 15\% \times (35\% + 35\%) = 2.1\%$

第五章 天然气产业管理创新成果经济价值评估实证

表 5-10　一级经营管理要素名称与收益分成基数建议表

一级经营管理要素	投资管理	财务会计管理	市场管理	科技管理	人力资源管理	企业文化管理	党建管理
收益分成基数权重 /%	20	13	17	15	15	10	10

表 5-11　投资管理的二级、三级管理要素名称与收益分成基数建议表

二级管理要素		三级管理要素	
管理要素名称	分成基数 /%	管理要素名称	分成基数 /%
投资发展规划	25	中长期投资发展总体规划	40
		中长期投资发展业务规划	35
		中长期投资发展专项规划	25
投资模式与机制	20	投资管理模式结构优化	35
		投资计划业务内控制度建设	25
		投资管理创新机制	40
投资核心管理业务	30	年度投资计划管理	25
		投资造价定额管理	35
		投资计划风险管理	40
投资绩效评价	10	投资计划项目前期效益评价	35
		投资计划项目效益后评价	30
		投资计划项目综合绩效评价	35
投资管理决策支持	15	投资发展 SWOT 分析	35
		投资管理决策评估方法模型	35
		ERP 投资管理系统建设	30

(四)管理成果创新强度系数

根据管理成果创新指标,参照表 5-12,提取管理成果创新强度指标值,代入式(4-19)计算:

$$H_g = \sum_{j=1}^{3}(H_i H_{ij} \epsilon_{ij}) = 35\% + 19.5\% + 13\% = 67.5\%。$$

表 5-12 管理成果创新强度指标表

一级指标 (H_i)	二级指标 (H_{ij})	三级指标 (ϵ_{ij})			
		Ⅰ ($70\% \leq \epsilon_{ij} < 80\%$)	Ⅱ ($60\% \leq \epsilon_{ij} < 70\%$)	Ⅲ ($50\% \leq \epsilon_{ij} < 60\%$)	Ⅳ ($\epsilon_{ij} < 50\%$)
H_1:成果创新程度(50%)	H_{11}:解决决策科学技术难题的能力(40%)	70%			
	H_{12}:理论观点和研究方法上的创新程度(35%)	70%			
	H_{13}:自主创新科学技术的比重(25%)	70%			
H_2:成果先进程度(30%)	H_{21}:总体科学技术先进水平(40%)		65%		
	H_{22}:项目提出的观点、理论、方法的科学价值与学术水平(35%)		65%		
	H_{23}:研究难度与复杂程度(25%)		65%		

续表

一级指标（H_i）	二级指标（H_{ij}）	三级指标（ϵ_{ij}）			
		I（70%≤ϵ_{ij}<80%）	II（60%≤ϵ_{ij}<70%）	III（50%≤ϵ_{ij}<60%）	IV（ϵ_{ij}<50%）
H_3：成果推广应用成熟程度（20%）	H_{31}：决策实用性、适应性程度（40%）		65%		
	H_{32}：对决策科学化和管理现代化的影响程度（35%）		65%		
	H_{33}：与国民经济、集团公司或行业发展相关需求的紧密程度（25%）		65%		

三、管理创新成果收益分成结果

根据公式（4-2）：$F_g=B_gW_gH_g=B_{gs}W_{gs}H_{gs}+B_{gj}W_{gj}H_{gj}=11.6\%×1.68\%×67.5\%+17.4\%×2.1\%×67.5\%=0.38\%$。

该管理创新成果主要应用于某气田天然气发展规划领域，三年间气田取得净利润收益为25亿元。根据公式（4-1），$M_g=\sum_{i=1}^{n}E_{gi}F_g=250000×0.38\%=950$万元。因此，该成果净利润分成为950万元。

第六章

天然气产业管理创新成果价值评估保障策略

第一节 强化价值评估组织与制度建设

一、加快组织建设,构建第三方价值评估组织体系

深入推进天然气产业管理创新成果价值评估系列工作,必须以强有力的组织保障为前提。一方面,对天然气产业相关的油气企业而言,应当以推进管理创新工作为契机,在企业领导大力支持下,以企业管理部门等部门为责任主体,成立相应的加快推进管理创新工作领导小组,负责相关工作的统一部署、组织和协调,研究解决工作推进过程中的重大问题;成立相应的领导小组办公室,负责管理创新日常工作的统筹推进。

另一方面,由于价值评估结果的应用与反馈,将对管理创新工作、人员激励奖励等产生直接影响,因此,就天然气产业管理创新成果价值评估而言,要推动推进该项工作深入进展,

第六章 天然气产业管理创新成果价值评估保障策略

必须加快构建社会化的第三方价值评估组织体系，保障天然气产业管理创新成果价值评估工作的科学性、客观性与真实性。可以参照工程项目技术经济评价组织体系架构，健全和完善企业内部管理创新成果评价组织，形成多元化的天然气产业管理创新成果评价组织体系。

二、推动制度建设，形成价值评估制度保障体系

从国务院办公厅关于《完善科技成果评价机制的指导意见》（国办发〔2021〕26号）到《中华人民共和国科学技术进步法》《要素市场化配置综合改革试点总体方案》（国办发〔2021〕51号）等，国家先后出台了一系列政策制度，为价值评估提供了重要的制度保障。积极促进国家政策制度落地落实到油气企业，转化成为可供操作的评价制度保障体系，需要油气企业不断探索、深入思考，结合天然气产业生产运行与管理创新实际情况，融合创新与转化应用。具体而言，应当结合天然气产业管理创新活动紧密围绕勘探开发等业务需求、多项成果协同应用等典型特征，形成《天然气产业管理创新成果价值评估规范》或《天然气产业管理创新成果经济价值评估操作指南》等，为天然气产业管理创新成果价值评估与分享提供制度保障。

三、推进评估信息化，形成规范化的评估操作体系

数字信息时代，推动管理创新成果价值评估工作的信息化

发展，本身也是天然气产业管理创新工作的重要内容。天然气产业相关油气企业应当利用大数据、人工智能等技术手段，积极开发天然气产业管理创新成果价值评估软件，并将之纳入智能油气田建设大环境中，实现管理创新成果资源贡献与价值评估结果应用效率最大化。

要充分利用各类信息资源，在天然气产业相关油气企业之间强化协同交流，建设跨单位、跨地区甚至跨行业的管理创新成果库、需求库、案例库和评价工具方法库，充分发挥油气企业自主创新能力，不断探索形成天然气产业管理创新成果评估操作体系，在重大项目和重点任务等油气企业管理创新与实施过程中运用评价结果。

第二节　强化天然气产业管理创新成果研发与创造

一、加强软科学基础研究，提升原始管理创新能力

立足天然气产业管理创新系统，具有创新性的软科学研究成果是管理创新活动开展的前提，也是此后能进行管理创新成果集成的根本。软科学研究本身是一项带有战略性、全面性、长期性的为决策者提供有关政策优化方案或决策依据的咨询研究工作，是推动科学决策的智力载体的必要工具；软科学成果的转化与应用是推动天然气产业管理创新活动开展的重要驱动

力之一。针对天然气产业发展要素开展等系列软科学研究，形成结构庞大而有序的研究成果，是支撑企业管理创新活动开展的重要基础。

因此，对天然气产业相关的油气企业而言，立足天然气资源领域、天然气市场与价格领域、天然气创新领域、天然气资本领域等重要领域的发展视域，从天然气发展战略、政策、规划、评价、预测等方向出发，开展软科学研究战略性、前瞻性布局，加强软科学基础研究，不断提升软科学研究的自主创新与原始创新能力，才能为天然气产业管理创新成果研发与创造工作高质量可持续发展提供不竭动力。

二、强化要素投入，提升企业发展管理要素保障

人才是创新发展的第一动力。根据劳动价值论，管理创新活动也是通过人进行管理的智力劳动予以价值创造的，通过人在知识创造、技术发明、工艺流程改进、管理提升等过程中的智力劳动投入与转换获得管理创新的价值创造与价值实现，并通过要素价值评价与价值分配，实现要素价值的不断增值。因此，要强化天然气产业管理创新成果研发创造与价值实现，必须强化对相关要素的投入。

首先，要加强从事天然气相关软科学研究人员的投入，包括对相关研究人才的发现与引进、培养与培训、使用与激励等的综合投入，为软科学研发能力提升和管理创新成果产出提供坚实的智力保障；其次，要加强天然气软科学研发项

目、软科学基础研究的经费投入,为成果的丰富发展提供坚实的物质保障;最后,要加强天然气产业相关企业管理人员的投入,包括从事管理创新的人员数量和人员质量等,为软科学研究成果在管理创新实践活动中的转化应用和管理总结提升等提供保障。

三、强化管理创新实践,提升成果转化应用能力

天然气产业管理创新活动是一个渐进的过程,一是认清发展机遇与挑战,二是对比分析和发现问题,三是制定解决问题方案及措施,四是有效推进方案实施和调控,五是过程监督和绩效评价。在这个过程中,以天然气软科学研究成果为基础、以天然气管理创新活动为实践,理论与实践相结合,不断总结、反复提炼,是整个创新路径过程中极其重要的二次创新环节。

伴随我国经济增长方式由"总量增长型"向"质量效率型"转变,对企业管理创新促进资源整合、实现科学决策和治理提升等提出了更高要求。实践证明,软科学研究成果应用于天然气产业管理创新实践活动,既是与天然气产业生产要素协同作用过程,又是常规管理与创新性研究成果协同作用的产物。因此,天然气产业相关油气企业应当在融合软科学研究成果的基础上,以创新性与科学性、实践性与效益性、推广性等原则为指引,不断加强管理创新实践,提升管理创新成果促进管理创效和价值提升的能力。

第三节　强化天然气产业管理要素谱系建设

一、强化管理要素谱系认识，建立组织管理体系

构建科学合理的天然气产业管理要素谱系，并做好谱系基本赋权，是能够实现天然气产业管理创新成果按价值贡献参与企业收益分配的关键。然而，天然气产业管理要素谱系的赋权与天然气产业生产经营管理息息相关，为了更好地进行天然气产业管理创新成果价值评估，需要进一步做好两项工作。

一方面，要强化天然气产业管理要素谱系认识。一是深化管理要素作为创新要素的认识。要结合国务院办公厅印发的《要素市场化配置综合改革试点总体方案》（国办发〔2021〕51号）第二十八条明确提出的构建充分体现知识、技术、管理等创新要素价值的收益分配机制，认真思考将管理作为一种创新要素的系列认识，提高对管理创新要素（生产管理、科技管理、经营管理、党建管理等子要素）与技术要素协同创新创效的系统认识。二是在对于管理要素内涵深化认识的基础上，要进一步从管理要素资源战略布局的角度出发，强化天然气产业生产和经营管理要素资源管理体系建设的总体理念认识，特别是应进一步强化对于天然气产业管理要素谱系优化完善与赋权工作重要性及其长远意义的认知，为推动形成规范的天然气产业管理要素谱系与赋权表格体系提供有力支持。

另一方面，要建立相应的组织管理体系。第一，由天然气产业相关的油气企业领导与专家、科技管理与规划计划以及相关管理部门协同，建立常态化工作领导小组，做好统筹、协调和沟通工作，为协同发展提供组织保障。第二，应当建立稳定、有效的工作方案与业务指导体系，促进各方积极履行职责，形成工作合力。第三，健全资金投入渠道，为天然气产业管理要素谱系与技术谱系工作、天然气技术有形化工作的常态化发展提供坚实的经费保障。第四，成立专门的天然气科技成果推广应用中心，承接天然气产业管理要素谱系与技术谱系定期完善以及天然气技术有形化的日常推进业务，促进长效稳定发展。

二、强化天然气技术资源战略管理，优化管理要素谱系

技术管理学科的发展表明，技术资源管理经历了四种管理阶段的演进：从不重视技术到重视技术，从只重视技术到既重视技术又重视技术管理，从重视技术和技术管理进一步转向对生产经营的全过程"控制"，最后进阶到战略性高级技术成果的寻找，达到稳定竞争优势的技术资源战略一体化管理。随着天然气勘探开发领域扩展，对技术市场形成多样化需求，天然气产业将会建立起更加庞大复杂的技术体系，基于战略管理视域的天然气产业技术资源顶层设计已经成为天然气技术有形化深化发展、天然气科技价值评估与商业化发展的重要前提。

第六章 天然气产业管理创新成果价值评估保障策略

首先，在技术创新与管理创新协同服务于创新发展需要的基础上，应当以天然气产业技术资源战略管理为视角，优化天然气产业技术资源管理顶层设计，对天然气产业管理要素谱系、技术谱系、技术有形化成果等技术资源进行制度性规范管理，厘清基础结构与功能价值定位，在此基础上深化特色技术集成与技术利器打造，才能真正为天然气科技研发、应用、价值化、推广应用的一体化平台建设提供长期可用的方向指引。

其次，要适应天然气产业创新发展需求，动态优化管理要素谱系。从天然气技术有形化与天然气技术谱系的演进来看，无论是天然气技术有形化还是天然气技术谱系的提出与发展，都不是一蹴而就的，而是随着天然气工业的发展对技术的需求、天然气科技创新与技术进步、产品的更新等不断发展变化而来的，总体上呈动态变化趋势，需要根据发展需要，及时调整、不断优化、不断完善，建立动态优化与持续完善机制。这对于天然气产业管理要素谱系的建设工作而言，同样意义重大。对天然气产业管理谱系而言，应当在天然气技术资源战略管理视角下，着力"快速突破"和"久久为功"，不断完善全产业链管理要素谱系，分时期重点明确天然气产业生产管理要素，天然气经营管理要素已定型、待完善和待攻关的管理要素，分阶段部署重点攻关并依托成果对天然气管理要素谱系进行丰富优化。

三、培养专业化人才队伍,建立数字技术资源管理机制

天然气技术资源战略管理面向天然气产业链发展整体技术视域,在其指引下,天然气技术有形化针对专业性强的特色技术,而天然气技术谱系则涉及庞大的天然气技术体系、多个专业、多个学科方向,需要具有专业化知识体系的人才队伍进行智力支持。特别是在天然气技术谱系整体架构与层次结构体系的完善上,必须由天然气行业内经验丰富的相关专业专家从整体上把关;在技术谱系层级体系梳理与专业技术体系梳理上,也需要专业技术人才的建议与支持,才能保证天然气产业链技术谱系的科学性、完整性与系统性;另一方面,在开展天然气技术谱系与天然气技术有形化工作中,对于启发创新思维、寻找攻关方向、探索新的创新点也具有积极重要的作用。因此,组建具有国内外一流水平的天然气技术资源管理团队与专业化人才队伍,必要而且重要。

能源技术革命以互联网技术、新的能源技术、智能化制造技术等广泛应用为基础促进天然气全产业链发展,将天然气科技创新引入大数据创新发展时代。借助信息技术和数字化手段,开发天然气技术资源战略管理支持系统,更加可视化地紧盯差距、抓重点、补短板、强弱项,促进相关的技术资源集成管理、技术利用、技术信息交流、技术推广应用、技术瓶颈攻关与创新发展,为天然气技术资源战略管理、动态优化与调整提供现代化工具支持。短期内,以推进天然气

技术谱系与天然气技术有形化数字化为目标，通过"天然气技术谱系""天然气技术有形化"等模块开发与应用，实现天然气技术谱系与天然气技术有形化的标准化与模块化；从长远看，还可考虑开发"天然气技术价值化""天然气技术商业化"等模块，通过对天然气技术价值评估功能的嵌入、天然气技术市场化与商业化的推广应用，实现天然气技术价值链的管理子系统集成，为天然气产业链技术价值增值与创新驱动提供系统支持。

第四节　强化管理创新成果价值评估优化与应用

一、优化价值评估模型，不断提升评估方法科学性

《中共中央关于制定国民经济和社会发展第十四个五年规划和二〇三五年远景目标的建议》中关于"坚持创新驱动发展"的论述中提出：健全以创新能力、质量、实效、贡献为导向的科技人才评价体系；构建充分体现知识、技术等创新要素价值的收益分配机制，完善科研人员职务发明成果权益分享机制；完善科技评价机制，优化科技奖励项目；提高科技成果转移转化成效等，都需要以科学客观的创新成果经济价值评估理论与模型为前置条件才能实现。

管理创新成果收益递进分成法，不仅是对收益分成法的丰富与发展，更是在贯彻落实党和国家关于按要素分配以实现要

素自由流动和价格灵活反应等目标要求下，创新形成的符合天然气产业资源特征和价值评估需要的有效方法，能够为实现管理要素按贡献参与企业收益分成突破和促进成果转化应用提供关键的技术支撑作用。对天然气产业管理创新价值评估而言，还应立足进一步强化技术要素与管理要素协同创造天然气储量产量收益的价值定位，不断优化管理创新成果经济价值评估模型，促进方法的不断优化发展，为管理要素按价值贡献参与收益分配提供更加科学的路径。

二、优化评估参数选设，促进评估结果更加科学合理

在党和国家强势推进科技成果五元价值评价的大环境中，天然气产业作为典型的资源密集型与技术密集型产业，以其科技成果体系的复杂性与独特性，开展创新成果经济价值评估创新与实践探索，对于促进我国科技评价改革长效机制建立与发展具有极其重要的现实意义。适应天然气产业价值评估整体发展需要，进一步结合天然气产业管理要素资源特征，优化解决技术要素收益分成基数问题，是实现天然气产业管理创新成果收益分成评价方法在更大范围内推广应用的关键；同时，对管理创新成果收益分成评估参数在天然气勘探开发、天然气储运、天然气利用等不同领域的差异，不同油气企业也可做比较思考，为总体管理要素收益分成基准值、管理要素收益递进分成基数、管理成果创新强度系数等的优化提供依据。

相对于要素价值评估，起步更早的技术经济评价理论与实践证明，项目经济效益没有评估精确值，只有在规制条件下的相对合理值，天然气产业管理创新成果价值评估也理应如此。因此，只有不断优化完善、丰富发展，才能真正为管理要素价值评估规范化、制度化奠定坚实基础。

三、推进价值分配研究，实现评估结果更好应用

价值管理是指以企业价值评估为基础、以价值增长为目的的一种综合管理模式，是麦肯锡等世界级知名咨询公司的重点咨询内容。它强调企业应培育新的价值理念、目标取向及行为规范，力求用户价值、所有者价值、员工价值、社会价值的同步实现，并以此为原则进行资源的配置和组织管理。因此，从价值管理的视角出发，企业的要素价值管理应当是一个对全力创造价值、正确评价价值、合理分配价值的系统性过程，需要构建价值创造、价值评价和价值分配的正反馈和良性循环。

管理要素作为天然气产业发展一种重要的生产要素，为了更好地进行要素价值管理与分享，应当对天然气产业管理要素的价值体系进行创新研究。在天然气产业管理要素价值创造—管理要素价值评价—管理要素价值分配的过程中，也是"做蛋糕—论功—行赏"的过程。本书基于天然气产业管理创新系统的分析，对天然气产业管理要素价值创造过程进行了梳理，并通过天然气产业管理创新成果经济价值评估方法集成创新，初

步解决了"做蛋糕"和"论功"的问题。但是,对于天然气产业管理要素的价值分配问题("行赏")还未涉及,而这是管理创新成果价值评估结果的重要应用环节,亟须开展相关研究,才能真正意义上实现管理要素作为一种重要的生产要素参与天然气企业收益分配的完整循环,也为天然气产业更好实现管理创新创效和价值增值提供支撑。

参考文献

[1] Coase R H. The nature of the firm[J]. Economica,1937, 4(16): 386–405.

[2] Chandler J R. The visible hand: The managerial revolution in American business [M]. Cambridge: Harvard Belknap, 1977.

[3] Williamson O E. The modern corporation: Origins, evolution, attributes[J]. Journal of Economic Literature, 1981, 19(4): 1537–1568.

[4] Daft R L. A dual-core model of organizational innovation[J]. Journal of Academy Management, 1978, 21: 193–210.

[5] Damanpour F. The adoption of technological, administrative, and ancillary innovations: Impact of organizational factors[J]. Journal of Management, 1987, 13(4): 675–688.

[6] Benghoz P J. Managing innovation: From adhoc to routine in french telecom [J]. Organization Studies, 1990,11(4): 531–554.

[7] Mazzanti M, Pini P, Tortia E. Organizational innovations, human resources and firm performance: The emiliaromagna food sector[J]. The Journal of Socio-Economics, 2006, (35): 123–141.

[8] Armbruster H, Bikfalvi A, et al. Organizational innovation: The challenge of measuring non-technical innovation in large scale surveys[J]. Technovation, 2008, 28 (10): 644–657.

[9] 戴维斯, 诺斯. 制度创新的理论: 描述、推理与说明 [M]. 上海: 上海三联书店, 1991: 2-15.

[10] 李忠尚. 论科学决策和国际治理现代化: 从智囊、软科学到智库的理论与实践 [J]. 智库理论与实践, 2018, 3（3）: 8-16.

[11] 杜红亮, 赵志耘. 国内外软科学方法研究回顾与展望 [J]. 中国软科学, 2010（2）: 179-186.

[12] 辜穗, 敬代骄, 刘维东, 等. 中国油气科技创新绩效评估体系构建 [J]. 天然气与石油, 2021, 39（2）: 129-134.

[13] 姜子昂, 任先尚, 段玲, 等. 天然气企业管理创新与技术创新协同发展模式 [J]. 天然气技术与经济, 2011, 5（1）: 50-55.

[14] 刘智全, 冯英浚. 科学评价企业全要素创新管理绩效的理论与方法研究 [J]. 自然辩证法研究, 2009, 25（2）: 77-81.

[15] 姜子昂, 姜尔加, 何长清. 要素组合创新增值机制与天然气产业增长方式转变 [J]. 管理现代化, 2006（6）: 54-56.

[16] 辜穗, 李林洪, 周小玲. 天然气科技创新战略绩效管理: 以西南油气田为例 [J]. 石油科技论坛, 2017, 36（4）: 26-30.

[17] 余晓钟, 薛瑞馨, 杨洋. 低油价时期石油企业管理创新探

讨 [J]. 石油科技论坛，2016，35（1）：1-5.

[18] 辜穗，罗旻海，陈丽，等 . 创新驱动发展视域下油田企业提质增效路径探索 [J]. 石油科技论坛，2018，37（1）：6-17.

[19] 姜子昂，辜穗，刘维东，等 . 我国油气勘探开发技术产品谱系构建 [J]. 天然气工业，2020，40（6）：149-156.

[20] 彭伟 . 科技企业管理创新绩效评价中的关键因素研究 [J]. 科技经济导刊，2020，28（5）：191-192.

[21] 姜子昂，辜穗，任丽梅 . 我国油气技术价值分享理论体系及其构建 [J]. 天然气工业，2019，39（9）：140-146.

[22] 姜子昂，刘申奥艺，辜穗，等 . 构建油气勘探开发技术要素收益分成量化模型 [J]. 天然气工业，2021，41（3）：147-152.

[23] 辜穗，王良锦，卢栎羽，等 . 天然气产业可持续发展耦合系统研究 [J]. 天然气技术与经济，2018，12（06）：54-58.

[24] 吉丁斯，杨洁 . 关于利润分享制理论 [J]. 文史博览（理论），2013（5）：52-53.

[25] 王坚 . 关于加强公司管理创新成果管理工作的建议 [J]. 企业管理与改革，2015（24）：4-5.

[26] 辜穗，蒲蓉蓉，姚莉，等 . 油气企业科研完全项目制管理的制度框架与路径思考 [J]. 天然气技术与经济，2020，14（01）：74-79.

[27] 王志刚 . 完善科技创新体制机制（深入学习贯彻党的十九届五中全会精神）[N]. 人民日报，2020-12-14（9）.

[28] 马亮,杨宇谦.加强国内外合作交流 推进科学基金绩效评估——科技绩效管理与研究方法国际会议综述[J].中国科学基金,2009(9):359-362.

[29] 阿瑟,曹东溟,王健.技术的本质[M].杭州:浙江人民出版社,2014:227-239.

[30] 辜穗,罗旻海,姚莉,等.天然气勘探开发科技绩效评估方法研究与应用[M].北京:石油工业出版社,2020:6-7.

[31] 辜穗,任丽梅,杨雅雯.油气科技绩效评估现状与对策研究[J].石油科技论坛,2019,38(3):20-25.

[32] 刘进.中国石油天然气集团科技创新体系的经验与启示[J].环境与可持续发展,2014(6):196-199.

[33] 田永坡,蔡学军,李倩.创新驱动背景下我国技术要素参与收入分配的政策研究[J].中国人力资源开发,2015(11):66-70.

[34] 许秀梅.技术价值链运作模式研究[J].科技进步与对策,2016,32(05):8-18.

[35] 辜穗,党录瑞,杜啸天,等.天然气产业可持续发展机制[J].天然气工业,2019,39(2):117-123.

[36] 刁顺.中国石油技术有形化[M].北京:石油工业出版社,2014:6-12.

[37] 姜子昂,周建,辜穗,等.我国技术要素价格市场化定价方法研究——以油气技术为例[J].价格理论与实践,2018(10):129-132.

[38] 安培浚,张志强,张树良,等.近十年主要国家科技投入

与科技绩效评价分析 [J]. 世界科技研究与发展，2017（1）：68-74.

[39] 王娟. 基于企业技术创新的管理会计国外研究动态回顾与启示 [J]. 财会月刊，2018（03）：151-157.

[40] 赵文敬. 科技评估在科技管理中的作用分析 [J]. 黑龙江科技信息，2016（1）：286.

[41] 蔡学军，孙一平. 人才工作支撑创新驱动发展——评价、激励、能力建设与国际化 [M]. 经济科学出版社，2016.

[42] 瞿辉. 建立独立的第三方科技评价机制 [J]. 评价与管理，2012（1）：74.

[43] 辜穗，李林洪，周小玲，等. 天然气科技创新战略绩效管理——以西南油气田为例 [J]. 石油科技论坛，2017，36（4）：1-6.

[44] 胡勇，姜子昂，何春蕾，等. 天然气产业科技创新体系研究与实践 [M]. 北京：科学出版社，2017：176-179.

[45] 姜卫平. 健全以创新为导向的科技评价体系 [N]. 人民日报，2021-02-02.

[46] 程燕林，代涛. 完善科技成果评价机制 正确认识这四个着力点 [N]. 科技日报，2021-10-11.

[47] 池长昀，邱超凡. 科技成果评价标准化与工具模式创新不冲突 [N]. 中国科学报，2021-10-20.

[48] 张硕，陶蕊，施筱勇. 中国科技评价研究热点述评 [J]. 科技管理研究，2021，41（18）：58-65.

[49] 汪雪锋，张硕，刘玉琴. 中国科技评价研究 40 年：历史

演进及主题演化[J].科学学与科学技术管理,2018,39(12).

[50] 姜子昂,辜穗,刘申奥义,等.油气科技创新价值分享理论与应用[M].科学出版社,2020.

[51] 张运东,张丽.中国石油技术有形化探索与实践[J].石油科技论坛,2014(1):1-5.

[52] 张军巧,孙明寰,庞辉仙.浅谈顶驱技术的标准化和有形化[J].石油工业技术监督,2020,36(6):30-32.

[53] 马金良,曹宁,解同川,等.井控装置现场试压技术的标准化和有形化[J].石油工业技术监督,2018,34(2):29-30

[54] 赵双,李芬.石油科技成果有形化步伐加快[N].中国石油报,2010-5-11(第001版).

[55] 薛梅.石油科技创新备受中央领导关注N].中国石油报,2011-3-18(第001版).

[56] 柳德忠,李卫国,宗涛.标准化在技术成果有形化中的应用[J].石油和化工设备,2012(8):51-52.

[57] 孙健,皮光林,叶海超,等.石油工程技术有形化指数研究[J].石油科技论坛,2018(1):25-28.

[58] 杨洋.技术有形化对天然气科技文化建设的作用[J].天然气技术与经济,2012,6(6):60-62.

[59] 陈英超,李春新,司云波,等.石油企业有形化技术价值评估探索[J].石油科技论坛,2016,35(6):20-24.

[60] 李季,贾佳,张青燕,等.关于油气技术有形化、价值化以及商业化的几点思考[J].天然气技术与经济,2017,11

（55）：68-70.

[61] 辜穗，罗旻海，王丹，等．对加快推进油气技术价值化的思考 [J]. 国际石油经济，2017（7）：95-100.

[62] 姜子昂，辜穗，彭彬，等．油气科技创新成果收益递进分成法的构建——以油气勘探开发为例 [J]. 天然气工业，2022，42（5）：148-155.

[63] 姜子昂，辜穗，任丽梅，等．油气田企业管理创新成果收益分成模型研究 [J]. 石油科技论坛，2021，40（4）：40-49.

[64] 焦尔，波尔曼，沃斯康塞尔．技术管理的前景——论公司技术、技术管理和技术战略一体化 [J]. 科学与管理，1995，15（3）：12-13.

[65] 辜穗，马玥，彭子成，等．油气企业管理创新成果的螺旋式创新路径 [J]. 天然气技术与经济，2021，15（4）：79-84.

[66] 辜穗，余晓钟，马新平，等．演化视域下油气企业文化创新研究 [J]. 天然气技术与经济，2017，11（3）：78-80.

[67] 张爱华，黄明惠．软科学项目绩效评价指标体系构建 [J]. 统计与决策，2019，35（10）：32-35.

[68] 刘晓辉，程志永．企业管理实践创新评价指标体系构建 [J]. 经营与管理，2012（12）：96-97.

[69] 严军．中国企业管理创新年度报告（2019）[M]. 企业管理出版社，2019.

[70] 刘垠．进一步深化科技奖励改革 强化创新激励导向 [N]. 科

技日报，2018-12-07.

[71] 吴月辉，赵永新，余建斌，等.让科技创新成果源源不断涌现出来——习近平总书记在科学家座谈会上重要讲话引发热烈反响[N].人民日报海外版，2020-9-12.

[72] 冯保国.关于做好管理创新成果评审的思考[J].北京石油管理干部学院学报，2018（02）：28-32.

[73] 刘晓菊.企业经济发展与管理中存在的问题与管理创新研究[M].中央民族大学出版社，2019.

[74] 方梦然，江兴.未来软科学发展研究：新需求、新思路和新方法[J].科学管理研究，2018（06）：1-4.